尾木妈妈的

"不斥责"

育儿法

（日）尾木直树 著

杜菲 译

辽宁科学技术出版社

·沈阳·

"不耐烦"妈妈和"借口连篇"孩子

"我说多少遍你才能明白？"（哼哼）

"我不是说过了吗！"（真烦人）

"不耐烦"妈妈总习惯像牛一样，发出哼哼的声音；与此相对，无论妈妈说什么，孩子往往总是习惯去寻找理由进行反驳，瞬间变身成为"借口连篇"孩子。

孩子处于幼儿期时，以上妈妈与孩子的对话情景可以说是随处可见，每当看到这种情景，我都忍不住一笑。

但是，当孩子进入青春期后，情况就会发生180°大逆转。如果妈妈还是与往常一样习惯性地抱怨、斥责孩子，孩子会在瞬间表现出不耐烦的情绪，顶嘴说"真烦人"。

更严重的孩子还会发出一句粗鲁的谩骂——"真烦人，老太婆！"

遇到以上情况，妈妈肯定备受打击、深感痛心，甚至怀疑面前的孩子是否真是自己辛辛苦苦十个月怀胎生下来的。

在此我想说的是，责怪孩子之前，希望各位妈妈能够稍稍地反省一下，问问自己"真的是孩子错了吗"。各位妈妈是不是认为"只要为了孩子好，即使偶尔斥责一下也没关系"？现在，抱着这种大错特错的"教育=斥责"想法的父母可以说是随处可见。我还听说，在有的家庭中，父母居然对孩子大打出手，太让人难以置信了。

当然，对"不斥责教育论"心存疑惑的妈妈估计不在少数吧，就像秋刀鱼先生※的一档娱乐节目的名字那样——"真的吗？！"

变"斥责"为"表扬"，是对子女进行教育的要点。无论是大人还是孩子，每个人都希望得到别人的认可和表扬。孩子得到表扬后，心情变好，会为了得到父母的进一步认可而更加努力。因此，对于正处在成长阶段中的孩子，给予适当的认可时获得的效果绝对好于斥责。

孩子得到表扬后，会开心地露出笑容，受此影响，妈妈心情也会愉悦。让妈妈了解正确的子女教育法、享受子女教育过程，是本书"尾木妈妈的不斥责育儿论"的主要目的，除此之外，本书中还集合了各种以往的育儿方法所没有的启发。本书上篇主要介绍妈妈们关心的如何提高孩子学习能力的方法，介绍一些有关学习能力的理论；下篇主要以如何丰富孩子的社会性教育为中心来进行展开。

真心希望能和大家一起分享"一天一表扬"的子女教育过程。接下来，让我们一起开始，介绍一些有关法"不斥责"育儿论的旅程吧。

尾木妈妈

※明石家秋刀鱼，本名杉本高文，日本落语家，谐星、演员、主持人。

目录

下篇：有效促进孩子成长

上篇

培养孩子真正的学习能力

一、做个"秋刀鱼孩子"，掌握真正的学习方法

　　现在大家都亲切地称呼我为"尾木妈妈"，想必大家都听说过吧，这个享誉行业内外的昵称，正是明石家秋刀鱼先生为我起的。富士电视台正在热播的电视节目《真的吗？！TV》想必大家都看过或听说过吧，我的这一昵称要追溯这个节目的前身——《真的吗？！NEWS》。还记得某天录制节目时，秋刀鱼先生突然就冒出"尾木妈妈"一词，从那以后，大家就都这么叫我了。

　　最初，我对这一昵称真的很不能接受，经常会反思自己究竟哪个地方让秋刀鱼先生产生了如此不可思议的想法。因为就在当时，我已经结婚，有了两个女儿，最重要的是，我十分确定我喜欢女性。喜欢的女性类型也十分明确，就比如像绀野美沙子、小雪那样既清秀又高雅的女性。

　　当时，我确实没有发现，除了喜欢女性这一点，我几乎具备了"妇男"所应具备的所有特征。那时，我爱人在学校当老师，由于工作时间的关系，照顾两个女儿的重任就落在了我肩上，换尿布、接送孩子回家都是我每天的必修课。除此之外，我还包揽了几乎所有的家务事。如此看来，确实很像"妈妈"吧！不过，大家不会真的认为我就是"妇男"吧？在此我想声明一下，"妇男"只是我工作上的一个角色设定，大家千万不要和生活中的我混淆呀！

　　当被问到我是不是妇男时，我想很多人都会举手，给出肯定的回答。对于这一点，事实上我自己也十分无奈，尽管我确实是在女性较多的家庭环境中长大，行为习惯也确实逐渐变得有些偏女性化。

　　秋刀鱼先生能一眼看出我的"尾木妈妈"特征，可见洞察力非同一般，完全可以被称为具有一眼辨别不同人、不同性格特征能力的稀有人才。

　　看过《真的吗？！TV》的观众都知道，这个节目的嘉宾都是一些脑科学家、心理学家、记者等非娱乐圈的人。在这个节

目中，无论是对于像艺人那样具有一些特定才能的人，还是一般人，秋刀鱼先生都能够百分百地发现并挖掘他的优点和特有才能，使之看起来更具魅力。所以说，秋刀鱼先生真是当之无愧的天才。

很多人也许会问，为什么秋刀鱼先生能够做到呢？我想，这是由于秋刀鱼先生对于不同人的兴趣、关注及注意力远远高于其他人，换句话来说，他对于周围事物的探求心以及对别人投入的感情都比一般人深厚。所以他才能够不放过任何一点变化，在节目进行过程中，主动地去发现有趣的变化，寻找不同嘉宾的各种特点，并将其运用到谈话话题、节目构成及展开之中。

节目进行过程中，由于秋刀鱼先生总是边整理节目的内容，边不断吸取有趣的、新的事物，以便在适当的时机进行展开。在我看来，先生头脑中所储存的知识真是既新鲜又广泛，与通过阅读教材得到的空洞之论完全不同。这些知识全都是他在实际生活、工作中获得并掌握的，估计现在已经成为他身体的一部分，正因为如此，他才能够第一时间将其从头脑中随时调用，使之在适当的时候发挥作用。

子女教育也是如此。学习的本意指，孩子们主动关心各种不同事物并产生兴趣，不断地探求新的刺激和有趣的发现，并将这些刺激与发现应用到下一发现，这才是真正的学习方法及学习的能力。

考试前一天，临时抱佛脚地彻夜复习过去做过的题目，即使考试当天答对所有的问题，考试一过，所有的内容也都会被忘记，完全没有成为自己的知识。相反，通过努力、辛苦付出获得的知识、技能却能够在孩子的心中扎根，最终成为孩子能够运用自如的知识，这才是"活着"的学习方法。

我希望所有的孩子都能够以"秋刀鱼孩子"为目标。

与某些专门寻找别人的缺点进行嘲笑的艺人不同，秋刀鱼先生从来不拿别人的缺点、短处开玩笑，这一点相信大家都有目共睹。

这正是他具有较高自我肯定感的表现，简单来说就是，他对周围的人及其自身都较为尊重和信任。我们常说的"喜欢自己"是育儿过程中的重点，假如无法引导孩子"喜欢自己"，那么孩子就难以健康成长。

除此之外，秋刀鱼先生还有对各种育儿方面的观念和看法，尽管他本人同女儿的关系并不十分和谐（笑）。这也许就是为人父母的无奈吧。

二、通过"家庭集体爬山"活动，使孩子爱上学习

现在，爬山已成为一项新兴的流行运动。不仅是中老年人，据说很多年轻的女性也养成了爬山的习惯，她们被人们亲切地称为"高山女孩"。我也很喜欢山，喜欢山中清澈的空气以及触手可及的绿色。我曾是一名滑雪选手（看我现在的这个样子，很多人都会大吃一惊，不敢相信），在年轻的时候，带着滑雪板去山上是我的习惯之一。

爬山是引导孩子掌握学习能力的绝好机会。

课堂上的学习不是全部的学习；带孩子去公园也不能被称为是全部的子女教育，母子共同进行的"生存体验"才是孩子学习的主要推动力。

家庭成员一起制订计划是爬山练习的第一步。挑选目标时，没必要去挑战那些较高的山（诸如珠穆朗玛峰等），选择一些有导游图的山（如高尾山或者海拔1000米左右的小山即可）。

和孩子一起制订好计划（起床时间、出发时间、途中休息时间、吃午饭时间、拍照等的时间等）后，就可以出发了！

实际上，在爬山的时候，我们可能会遇到很多预想不到的情况，如遇到较陡峭的山坡，差点滑倒；出了很多的汗后，妈妈可能会产生想要停止、返回的想法；爸爸可能会因为前几天不停加班，身体乏力而气喘吁吁……从而使爬山活动不能按照既定计划进行。

我倒是建议父母和孩子一起体验这些辛苦，遇到挫折，家庭成员一起协作渡过难关是孩子正常成长过程中不可缺少的体验。通过亲身体验"虽然辛苦，却尽自己最大努力实现了"，能够有效加深孩子对相应知识的记忆。

除此之外，爬到山顶时所获得的成就感是其他任何运动都比不上的。在山顶看到的优美景色能够使此前过程中的辛苦瞬间消散，正所谓"风雨过后见彩虹"——拼命努力的前方，优美的景色在等待着。

爬山过程中，父母与孩子一同体验辛苦与成功的喜悦，对孩子的成长非常重要。

学习的过程与爬山的过程很相似。

经常听到妈妈们抱怨，我家的孩子，不知为什么，就是特别讨厌学习。我个人认为，孩子没体验过爬山活动带来的成功是造成这一问题的主要原因之一。孩子有了成功的体验之后，便能够自发地努力，从而为下一次的成功作准备，还能够锻炼直面而不逃避困难的能力。此时，即使父母对孩子放任不管，孩子也会喜欢上学习、自发地学习。

以上所说的能力，仅通过一起去公园散步，与孩子进行"喷泉很漂亮吧，草坪很软吧"等简单对话，玩耍后就回家的这种活动是无法使孩子掌握的。并不是说在公园玩耍不好，在公园玩耍有其相应的优点，如可以使孩子交到很多朋友、能够牢记各种游戏等。但是，我想强调的是，无论是学习还是子女教育，都不是单纯地通过轻松、愉快的玩耍就能实现的。

当感觉到"最近和孩子的关系很不和谐""孩子最近似乎很不愉快"的时候，要放弃游公园，邀请孩子一起去爬山。我做了22年老师，根据我的经验，喜欢爬山的父母家中的子女，极少有不良习惯。这是因为，通过爬山运动，孩子已树立了自信心，掌握了跨越生活中遇到的挫折以及学习上遇到的困难的能力。

三、妈妈经常读书，有助于提高孩子的语言能力

开始本节讲解前，希望各位妈妈查看一下自己家中的书柜，数一数一共有多少本。一项调查结果显示，考上东京大学的孩子，他家里的书的数量都在400本以上。也就是说，一个家庭的文化水平对孩子的学习能力等有着较大的影响。

毫无疑问，多读书有助于提高人的阅读能力（也称语言能力），语言能力是学习所有知识的基础。现阶段，学校中所有的学科，无论是数学、理科、社会还是英语，都需要学生具备一定的听、说、读、写能力。可见语言能力的重要性非同一般。随着读书数量的不断增加，孩子自然而然能够掌握读写能力并且提高，不知不觉中，一些基础性的学习能力也会得到加强。

以上的内容并不是告诉大家，要尽快买书，一口气买上400本。无论家里有多少本书，孩子不主动地去阅读，最终的结果也不会有太大改变。因此，父母要引导孩子主动地喜欢上书籍，喜欢上阅读。

想象一下，如果妈妈不读书，一直沉溺于韩剧，却不断地教育孩子 "不要总看电视，多读点书"，会出现什么样结果？

我想，孩子一定不会听话吧，妈妈总看电视的行为已在不知不觉中向孩子暗示 "与书相比，看电视更有趣"。我个人也很喜欢韩剧，但是，从教育孩子的角度来说，建议各位妈妈能够果断地作出取舍，了解读书的乐趣。书的内容不需要很难、很深奥，起初可以选择一些简单的书，如推理小说等。

在阅读的过程中，妈妈一边告诉孩子 "这本书太扣人心弦了，让人忍不住想看下去"，一边专心地一页一页地翻看，孩子看到了一定会产生 "原来读书是这样有趣的一件事情" 的想法，孩子自然而然会萌发对书的兴趣，开始主动地拿起书进行阅读。

通过阅读，孩子会越来越了解书等印刷品，母子间的对话也会发生一定程度的改变。

如"妈妈，这本书真的很有趣""是吗，那妈妈下次也读一读"等。

母子一起读书、享受读书的乐趣，孩子的语言能力能够在不知不觉中得到提高。因此，父母为孩子树立读书的榜样，在子女教育过程中起着不可替代的作用。

与其不断地斥责孩子"你赶快去学习""你赶快去读书"，还不如更直接地让孩子看到自己读书的样子，这样更能够引起孩子的兴趣，成为孩子开始读书的契机。

我在从私立高中转到公立高中的第一节课上，遇到了一个有着超乎同龄人般成熟的孩子，他很懂得为他人着想，学习成绩又好。我当时就想"这个孩子肯定能够独立地进行学习，提高自身的能力"。当时我给那孩子的建议是"课堂上的学习，差不多就行了，希望你能多读一些岩波的新书，尝试扩展自己各方面的视野"。

听了我的建议，那孩子就真的一本一本地读完了几百本岩波的书，后来他成功地考入了东京大学，成为了一名"东大生"，他是当时班级中仅有的3名考入东京大学学生中的一个。大量阅读过程中，孩子的基本学习能力得到巩固的同时，各方面的能力也会得到一定的提高。随着孩子理解能力的增强，父母还应引领孩子关注社会问题和社会热点，引导孩子多阅读日常生活中备受关注的社会问题方面的书籍。如：自己的价值何在；自己应该怎样生活；青春期的孩子正备受欺压，还被要求上各种补习班，盲目大量补习是不科学的……。

　　需要提醒家长的是，引导孩子阅读之前，妈妈需要在孩子婴幼儿时期，多读一些故事给孩子听，为孩子之后的独立阅读奠定基础。我女儿小的时候，我经常在睡前和她们一起躺在床上，读故事给她们听，数量估计有几百本之多呢。希望各位对子女教育疲惫的妈妈们，能够在读故事的过程中，深入故事情节中，探寻无穷的乐趣。

四、常说满载热情的
"早上好"和"你
好"等问候，能够提
高孩子的生活能力

多年以前，我去一个学校考察教育情况。刚进入教学楼，学校的女学生在离我很远的走廊上整齐地站着，大声地问候我："老——师——好！"还记得当时陪同我考察的校长得意地问我："尾木老师，怎么样？我们的学生很有朝气、很懂礼貌吧？"

确实很有朝气，也确实也是在跟我打招呼，但是，我却没感觉到孩子们那句"老师好"中包含的感情，正如校长所形容的那样，只是单纯的一句招呼、一个问候。

当天去另一个学校，那里每一个和我擦身而过的学生，都会看着我的眼睛，问候"老师好，老师辛苦了"，之后眼神向下移15°左右，向我致敬，并没冲我大声喊，只是这样一个简简单单的动作，就让我当时心情很好。

严格来说，孩子们以上的行为都能够被称为打招呼，但是我总觉得有些不同，大家能猜到其中的原因吗？

原因就在于"心"。

第一所学校的同学，根本就不知道远处楼道中究竟是站着谁，就大声地喊出了打招呼的话；而在第二所学校遇到的学生的打招呼中，充满了对我的情谊。这一差别看起来微不足道，但对于作为当事人的我来说，的确有着天壤之别。

打招呼，并不仅仅是一种口头的形式。类似于"打招呼时声音要大"等只追求形式的行为，从根本上说是绝对错误的。只在乎声音的大小，那些不擅长大声说话的孩子们直接就会被认定是"不会打招呼、不懂礼貌的孩子"。因此，在我看来，即使不说话，面向对方、直视对方的眼睛、露出笑容行注目礼，也是一种不错的问候方式。

　　问候的关键不在于声音的大小，而在于自己的话语是否能够直达对方内心，也就是说，是否具有为对方着想的感情。

　　日常生活中，我们会遇到各种需要问候的场合，如：早上起来时，对家人说的"早上好"；晚上回家时，对邻居说的"你好"；对同乘电梯的人问候的"你好"等。这些被我们看做理所应当的行为中所需要的是心与心的交流，能够成为提高孩子生活能力、自立性的动力。能够用"心"问候的孩子，自然而然地就能够自主地制订学习计划、明确做事的目的以及生活的目标。

　　在此，需要提醒的是，问候并不等同于全部，有些孩子就是不擅长跟人打招呼。遇到以上情况时，希望各位妈妈能够耐心地等候，不要只注重速度和形式，要坚信总有一天孩子能够主动敞开心扉，和周围的人打招呼。

五、经常和父母一起沐浴的孩子会更擅长理科

给孩子洗澡是孩子出生后，作为爸爸首先要学会的事情，也是所有子女教育内容的开端。对于饱受工作折磨又初当爸爸的人来说，回到家中和孩子一起沐浴，已经成为一天中最美好的时光。女儿们小的时候，我最喜欢用手托住她们的脸颊，那时她们的表情真是太可爱了。

爸爸陪孩子洗澡时，妈妈可以抓紧时间稍微休息一下，不要太辛苦，累坏了自己。

孩子逐渐长到一定年龄后，父母要教给孩子正确的洗澡方法，如毛巾、喷头的使用方法，确保孩子能够自己保持自身的整洁与健康。

一般情况下，所有的孩子对洗澡都会有抵触态度。因为洗头发时，热水会从头顶直冲而下，严重刺激孩子的鼻子，孩子承受不住便会大声哭喊，吵着不洗了。想必大家都经历过这样的事情吧。

对孩子来说，洗澡的过程就类似于寻宝，充满各种各样不可思议的事情。小的时候，每当和妈妈一起洗澡时，我就将毛巾折成船，放在浴缸中。毛巾被浸湿而逐渐下沉时，会产生很多的气泡，当时的我不了解气泡的产生原理，只是单纯地觉得不可思议。

站在孩子的角度观察事物就会发现，那些被我们成人认为是理所应当、再平凡不过的事情中，隐藏着很多能够促进孩子个性、情感发展的重要因素。洗澡时，随着室内气温的升高，热气会逐渐上升，到达屋顶会形成水滴，再一滴一滴地掉下来；水滴的温度远远低于热气，让人不禁浑身一颤，想必大家

也都有过这种经历吧。

倘若此时孩子发出"妈妈，为什么屋顶上全是水滴呢"的询问，各位妈妈会怎么回答呢？是否能够清晰、明白地解释出相应的原理，让孩子能够完全理解呢？妈妈如果直接说出"是因为水蒸气升到屋顶后受冷，回到原来的液体状态"这样的解释，就有些过于单调了。事实上，稍微转换一下思路就会发现，以上水蒸气原理就如同云变为雨的过程。如果妈妈能将云雨转化的过程告诉孩子，也许下次孩子还会更加关注云的各种变化呢。

一家人同时进入浴缸，溢出的水会更多，这个物理现象被称为阿基米德原理。

一家人一起洗澡是孩子了解各种物理、科学常识的好机会，泡澡过程中，通过和父母一起解决问题、分享各种发现，孩子对于理科的了解就一定会得到深化，最终在不知不觉中，孩子就会变得更加喜欢理科。

教育孩子的过程中，父母要了解什么才是子女教育的要点——不能强制孩子上各种科学补习班或理科实验班，而是要让孩子"从日常生活中发现和学习"相应的理论知识。

一夜成名，也会带来相应的烦恼

前几天去某地演讲时，我特意站到台上，发出"有谁知道我在很早之前就开始上电视了，请举手"的询问。我仔细观察了一下，举手的人寥寥无几。当我换成另外一个问题——"认为我是妇男的，请举手"再次询问时，我看到了一片举起来的手。

说实话，我真的不得不佩服秋刀鱼先生的影响力。我明明是在刚过30岁时，就开始作为教育评论家出现在各新闻报道、教育节目中了，但却没有人真正关注过我。

被大家所熟知、受到小朋友们的欢迎还是在担任《真的吗？！TV》的嘉宾之后，可见"尾木妈妈"的形象果然深入人心。

前几天去长崎县演讲时，到场的观众超出预计，有2000人之多，他们高喊着"尾木妈妈来了，尾木妈妈来了"的口号，把整个会场围得水泄不通。由于人数太多，为了维持现场秩序，签售时，主办方特意拉起了警戒线，并为我配备了两名保镖。

在爱知县也同样如此，还记得当时我刚从会场出来，就发现我将要乘坐的出租车旁围了很多层举着相机的人，出租车早已被围得水泄不通。

耳边全是"尾木妈妈！尾木妈妈！""尾木妈妈和我握个手！""尾木妈妈看这里！"的喊叫声。

当我费了九牛二虎之力终于进了出租车时，大家的手又从各个方向伸来，导致车门无法关上，层层的人群围得车寸步难移。

车终于发动后，还有妈妈们和中学生不放弃地尾随，追着我们的车，当时真的下了我一大跳。不过，当时的我还真有点当了大明星的感觉，仿佛自己瞬间变成了裴勇俊（虽然自己这么说自己显得有些厚颜无耻，哈哈）。

　　日常生活中，很多人都说我"能够为人排忧解难"、"笑起来超级可爱"；当我略微地变换一下角色，出现在较严肃的新闻报道节目中，为大家讲解中学中存在的学生相互欺负的问题时，发出"认真的表情也超级帅"等感叹的人也确实存在。说实话，长这么大，我还是第一次听到这样的表扬呢。

　　尽管如此，我的家人们的反应却是很平静。而我被称为是"教育贵族"也是自出生以来的第一次，因为我自认为我刚一出生就没有其他人所具有的气质。

　　现在的我，不戴口罩已经无法出门，也不能再像原来一样随意地乘坐电车了。高人气带来的最大烦恼当然要数对我的主要工作——对各中学进行现场考察的影响了。之前还不那么出名时，走到每一所学校，我都会和那里的老师、同学们一起吃午饭、聊天。但是现在，这些简单的活动已变得很难实现，因为，在我进入教室的瞬间，就会响起各种尖叫声，使得课堂教学无法再继续。

　　前几天我去一所中学，为了避免学生们过于吵闹，我不得不被安排在会议室里吃午饭。当时，有几个女孩子偷偷过来查探状况，发现我之后，立即冲着大家喊"大家快来看，尾木妈妈在会议室呢"，真是让我哭笑不得。

　　说实话，我从没想到过了60岁，我的生活还会如此充满戏剧性。不得不承认，正是如此意想不到的事情的发生，才使我的人生变得更加美好、更加丰富多彩了。

六、在报纸上标注各种记号，培养孩子的思考能力

　　给大家讲一个我还是中学语文老师时的案例吧，那时我刚离开毕业以来一直工作的私立中学，转到都内的一所公立中学任教。与之前所在的私立中学相比，公立中学学生间学习能力的差距大得让人不敢相信。经过了很长时间的思考之后，我终于找到了能够提高每一个学生的学习能力、缩短他们之间差距的方法——在课堂上引入日常生活中最常见的报纸作为传授的道具。具体方法如下：首先，引导学生选择自己感兴趣的报道，剪下来贴在本子上；接下来，在报道上标记"○""×"等记号——对报道的内容持支持态度时，用"○"表示，反之则用"×"表示。

　　以备受大家关注的领土问题为例，首先，将相关的新闻报道剪下；假设报道的题目为"要严厉制止在日本领土附近岛屿随意捕鱼的行为"，若孩子对报道内容产生"确实如此，别国的领土怎么能随意进入呢，就应该严厉制止"的共鸣，则可以在旁边标注"○"记号；相反，认为"日本方面也有错，不应该以大欺小，用油轮去驱逐，太危险了"，对报道内容持反对态度的就用"×"表示；无法准确说出是支持还是反对时，可用"？"标记。

　　阅读过程中，针对不同内容，灵活运用"○""×""？"3个记号，孩子的自主思考能力会自然而然地得到提高。与单纯用眼睛阅读相比，让孩子独立思考"如果自己遇到这种情况，会怎么想"，并根据想法的不同标记"○""×"的记号，能够有效调动孩子的感性情感，使其逐渐养成独立思考的习惯。

　　事实上，孩子在很小的时候，就已经具有和编写报道的作者站在同一角度思考和感受事物的能力了。

　　标记"○""×""？"符号的训练进行1个月后，孩子便能够逐渐将自己的真实想法讲给他人听。这时，我们就可以进入下一阶段——对于标记"×"的内容，说明理由。原因的答案没有任何限制，只要孩子认为成立就可以写下来，即使超出笔记本记录的范围也没关系。以上让孩子独立寻找反对原因等训练，能够有效锻炼和提高孩子的思考能力。

　　除此之外，妈妈最好通过"写得真好，有这么多理由啊""原来你是这么想的呀"等方式，对孩子标记的"○""×"等符号进行适当的评论。一般情况下，当遇到能够接受、认可自己意见的人时，孩子的表达欲望得到激发，变得愈加想要表达。

　　让我欣慰的是，经过几个月的训练，最终，我所在班级的所有学生的思考、写作能力都有了飞跃性进步。

　　最让我意外的是，有一个孩子写出的理由居然有论文那么长。

　　思考能力得到提高后，孩子们便开始能够自发地做一些有意义的事情。以我所在的班级为例，开始相应的训练后不久，孩子们逐渐会在定期测验前主动地开展学习小组，尽管我从来没有提醒和要求过。听说有些较为擅长某个科目的同学，甚至变身为小老师，预测考试的内容，在放学后分享给大家。当时，我们班所有科目的平均成绩都超过年级平均分20多分。

　　说到这里，有人也许会问，"尾木老师班级同学的这种行为，是属于集体作弊吧"，确实，现实生活中也有人半开玩笑地这样问过我。在此我想说的是，孩子们真的很单纯、很诚实，在具有一定的思考能力后，无论看到、接触到的事物如何变化，他们始终会坚持自己的看法，并将自己的想法讲述给周围的人听。因此，即使不参照池上彰的育儿方法，仅通过自身对周围事物产生的好奇心，孩子也能够逐渐掌握正确的表达能力。

七、养成吃早饭的习惯
能有效提高学习成绩

现在，在大学向学生们传授教育理论是我的主要工作之一。现在的大学生，有着早上起来先吃早饭再去上课习惯的人是少之又少。每天早上站在讲台上，哪个同学吃过早饭、哪个同学没吃早饭，我一眼就能分辨出来，没吃早饭的同学通常是目光没有焦点，一看就是昏沉沉的状态。不吃早饭，人的反应能力会减弱，很难记住老师所传授的内容。因此，为提高学生的学习效率、让学生养成吃早餐的习惯，现在很多大学食堂都开始为学生提供早餐。遗憾的是，我所在的大学至今仍没能提供这项服务。

号召大家养成吃早饭习惯的行动也是最近才开始流行的。我任中学老师时，班里不吃早饭的学生几乎没有。但是，在现在这个时代，人们对父母同时外出工作已习以为常，家庭成员必须独自解决早饭问题，妈妈由于工作而没有多余的精力做早饭也实属无奈。

可能很多妈妈真的很想亲手下厨，让孩子吃饱，但是受客观条件限制，这一简单的想法在现在看来已变得很难实现。

我想提醒大家的是，不吃早饭，人的大脑很难快速运转。人的大脑活动需要较多的能量，在不吃早饭的情况下，从早上到中午的半天时间内，大脑都会一直处于能量不足的状态。也就是说，整个上午，孩子的学习效率会不断降低，就如同缺乏汽油而无法启动的汽车。

假设每周五天都不吃早饭，1年就有200多天孩子都处于空腹状态；相反，每天早上吃饱的孩子，每天至少有1小时能够集中精力听课。相比之下，具有吃早饭习惯的孩子，成绩不断上升似乎也理所当然。

我个人比较喜欢有米饭和味噌汤的日式早餐，味噌汤越传统越好，包含紫菜和豆腐就好，最好再来点盐浇大马哈鱼作为小菜。每天早上起来，看到餐桌上摆着自己喜欢的食物，总感觉在即将开始的这一天中，会有很多美好的事情发生。

如此重视早餐的我，最近也由于工作原因，变得有些身不由己——被通知凌晨四点起身做事，依靠能量饮料等维持体力的时候逐渐增多。在此我想提醒大家的是，早晨是人一天中最不能缺少能量的时段，如果实在忙碌得来不及吃早饭，千万不要逞强，带上一个饭团或一根香蕉，以备不时之需。

在教育孩子时，妈妈要引导孩子养成每天早上起来先吃早饭再开始一切活动的习惯。条件允许的话，妈妈最好能够抽出时间，陪孩子一起吃。对孩子来说，比吃什么更重要的是和谁一起吃，因此，和孩子一同坐在餐桌前，陪孩子吃饭，这一深厚的情感已胜过一切物质性要素。

八、晚饭用味噌煮青花鱼代替肉饼，能有效提高孩子的学习能力

不知为什么，我所接触到的孩子都很喜欢肉饼，当有人问他们晚饭想吃什么时，绝大多数孩子都会回答肉饼。肉饼的味道确实很好，说实话我自己也确实比较喜欢。除肉饼之外，咖喱饭、蛋包饭、烤肉、炸鸡、炸虾都备受孩子们欢迎。若参照孩子的心愿，每天的饭桌上，这些东西肯定是必不可少。和我这样的中年人具有相同爱好、喜欢吃味噌煮青花鱼的孩子肯定是少之又少。

我个人很理解各位妈妈想要满足孩子要求、专为孩子做喜欢吃的东西的心情，但是，如果我说味噌煮青花鱼虽然味道没有那么好，但却对孩子的记忆力有着较大益处，各位妈妈会是怎样的反应呢？我想，若为孩子今后的智力发展着想，很多妈妈都想尝试一下吧。

事实上，很多后背呈蓝色的鱼类（如青花鱼、竹荚鱼、沙丁鱼、秋刀鱼等），都包含着很多能够促进人脑的活动、提高人的记忆和学习能力的DHA。

DHA是构成神经细胞膜控制人脑信息传递功能的主要构成物质。有报道称，2010年的诺贝尔化学奖获得者，北海道大学的名誉教授铃木章先生小的时候，经常吃胡瓜鱼。这种鱼不属于青背鱼类，但其体内DHA的含量却毫不逊色。

现在，不会做鱼的妈妈和不喜欢吃鱼的孩子数量越来越多。除了青背鱼类外，其他新鲜鱼类的营养也远远超过肉类。虽然在日本有"秋天的青花鱼，刚结婚的小姑娘绝对不能吃"的说法，各位妈妈也不要害怕，可以将鱼放入味噌汤中，以减轻青花鱼本身带来的寒气，引导孩子逐渐喜欢上鱼类食物。另外，吃饭时，如果能悄悄地告诉孩子"听说青花鱼中包含能提高人智力的DHA，你吃了也许下次的考试会获得更好的成绩呢"。孩子听完，好奇心一动，肯定会亲自一探究竟，也许鱼的味道就真的不同于平常了呢。

再说些题外话，除青花鱼外，我还比较喜欢吃秋天的茄子。以前工作还没那么忙碌的时候，我经常做饭。女儿很小的时候，我就会独自去超市买茄子。买回茄子后，她们会安静地站在厨房里，边看我做饭，边发出感叹，"今天是爸爸做饭吗？太好了！"

说到这里，我又想起了女儿们开心的笑脸。当时，我能做出各种以茄子为原料的菜肴——麻婆茄子、煎烤茄子、田乐茄子等。很多人都听过"不能给儿媳妇吃秋天的茄子"这句话吧，但是在我看来，"秋天的茄子儿媳妇不能吃，但是各位妈妈一定要吃！"哈哈！

九、在客厅的饭桌上学习，能有效锻炼孩子的注意力

在某一期的《真的吗?!TV》中,当时担任天气预报员的石原良纯作为嘉宾来到节目中,说出了自己在教育孩子时遇到的难题——"孩子总是无法集中注意力,在桌子前坐30分钟就待不住了""以为孩子在认真做作业,悄悄推开门却发现他在看漫画"等,并向各位专家咨询使孩子提高注意力、提高学习效率的有效方法。

很多父母是否也遇到了以上难题,并为此而不住地叹气呢?

针对良纯先生提出的"如何有效提高孩子注意力"这一问题,事实上,答案非常简单——不要留孩子一个人在书桌前做作业,妈妈准备晚饭时,就让孩子在客厅的饭桌上学习。大家不要误会,这么做并不是教妈妈们如何看管孩子,而是教会妈妈如何为正处于小学阶段的孩子提供一个能够集中注意力的环境。听着妈妈洗菜、切菜的声音,孩子会产生"妈妈就在自己身边"的感觉,这种感觉使他能够放下心来,将注意力集中到学习上来。

放任孩子独自在屋子里或自己的书桌前学习,反而给了孩子更多的诱惑。孩子学着学着,注意力就会转移到漫画或游戏机上去。妈妈不在身边,孩子的注意力反而更容易转移。

试验数据显示,身处于生活中的各种杂音中,人的注意力反而更容易集中。试想一下,若自己独自在一个十分安静的环境中看书学习,会是什么情况呢?恐怕也很难集中注意力吧。连成人都做不到的事情,仅有十几岁的孩子又怎么能做到呢!

除此之外,让孩子在饭桌上学习,对妈妈来说也是好处多多。孩子做数学作业时,如果妈妈就在旁边洗碗,孩子遇到问题一定会询问,此时,妈妈便可以停下手,立即帮助孩子解题。通过这个过程，妈妈可以在日常生活中自然而然地了解孩子的情况，如现阶段学校所教授的内容、孩子相对较弱的方面。由此，妈妈对孩子的了解进一步加深，教育水平也得到一定提高。逐渐地，妈妈与孩子间的信赖也会得到深化，最终使孩子在提高学习能力的同时，能够健康地成长。

在此需要提醒的是，强制孩子在课桌前学习或者大声斥责孩子"不学习为你准备书桌有什么用！"的行为是大错特错的。试图通过将孩子束缚在课桌旁来提高成绩，只能使孩子更加厌恶学习。因此，各位妈妈最好首先从最能带给孩子安心感的饭桌开始，逐渐培养孩子良好的学习习惯。

十、不要被某某方法、某某式教学所迷惑

这些年，妈妈们对各种潮流都异常敏感。我很能理解大家这种感受，我个人也比较喜欢时尚，也知道某期驼色最受欢迎，昨天和女儿去购物时，还买了当今最时尚的毛衣。

但是，我想要提醒各位妈妈的是，把子女教育也当做一种时尚，单纯去模仿的话，那就大错特错了。

最近流行的阴山方法（阴山为人名）——大脑锻炼法，想必大家都听说过。受电视节目广泛宣传的影响，与此类似的学习方法、育儿方法层出不穷。

想必各位妈妈也被诸如"三位数计算能够有效提高孩子的智力"等宣传所蒙蔽过吧。事实上，孩子小的时候，无论是头脑还是身体，都处于发育的活跃时期，他们能够不断接受外界事物，即使不进行那些所谓的专项训练，只进行一些简单的练习，其智力等也能得到有效提高。

孩子自身所具有的潜在能力是超乎我们想象的。这些潜在能力是孩子能够在较短时间内学会算数、跳马或在较早阶段完成小学六年的所有课程的关键。

但是，我想提醒各位妈妈的是，以上所说的各种技能既不能准确地反应孩子能力的高低，也不能控制孩子未来人生的发展，因此，它的重要性远远低于我们的想象，即使完全掌握，孩子也不会有较大改变。因为，会跳马的将来不一定就能成为奥运会选手，会算数的孩子不一定就会成为诺贝尔数学奖获得者。

很多妈妈都会抱有"早学会总比晚学会好"这样的思想吧？确实，孩子较早学会算数，对妈妈本身来说也是益处多多，可以放心地派孩子去超市买东西，不用担心被少找钱；正确回答出妈

妈提出的问题后，孩子会获得前所未有的成就感和满足感。

对孩子来说，来自父母的奖励能够快速促进孩子成长，是整个教育子女过程中最重要的因素之一。而通过让孩子学会算数，妈妈可以较为准确、直观地观察到孩子成长的结果，适当地给孩子奖励。而让孩子较早接触算数技能也并不完全是坏事，只要各位妈妈明白，与正确答案或结果相比，孩子得出正确答案或结果的过程更为重要，就足够了。

培养孩子的学习能力时，学习过程的重要性远远高于获得结果，得出答案的速度更是"次中之次"。孩子的答案即使不正确也不需担心，有时候失败也有好处，或许可以让孩子有更多新的发现，找到新的解决方法。

让孩子独立地理解和掌握相应的知识，才是重中之重。只有边享受快乐边承受痛苦，亲自付出努力去探究去创造的过程，才能够被称为真正的学习。

我们所熟知的伟大的科学家，如伽利略、爱迪生，都是历经了苦难才有了今天的成就的。所以，在我看来，孩子未来要有所成就，也需要饱受艰辛才能够成功。

因此，建议各位妈妈不要看到孩子的低分数、错误答案就大声斥责，要在孩子遇到挫折时陪伴在左右。不要被当下流行的教育趋势所迷惑，做一个能看到教育本质的好妈妈。

小的时候，我最喜欢妈妈了

小的时候我最喜欢妈妈了！

在我看来，我的妈妈是最理想的女性形象。看到这里，很多人都会觉得我有恋母倾向吧？事实也确实如此，所以即使如今我已长大成人，也很难从妈妈带来的影响中摆脱出来——总觉得我妈妈才是最完美的女性，周围如同妈妈般完美的女性根本不存在。

我妈妈年轻的时候担任过滋贺县妇女协会会长，照顾过从少年看守所里出来的孩子，因此无论是领导能力还是与人沟通的能力，都远远高于他人。小时候，总觉得遇到任何事情，只要向妈妈求助，她就肯定会帮我找到正确的解决方法。

除此之外，在教育方面，妈妈也是无可挑剔。她文笔好，字写得漂亮，还擅长画画。每次写作文时，妈妈总会给我诸如"这里用名词停句效果会更好"等意见，使我的写作水平得到了有效提高。画画也是如此，妈妈会说"把笔借给我用用，像这样为树木添加上阴影，会使画面显得更有立体感；同一棵树上，叶子颜色深浅会存在一些差距，最好加以强调"，抛开正确与否的概念，妈妈总能给我最适宜的建议。

我小时候居住的关原是一个经常下雪的城市，这使滑雪成了我的最大爱好。说起来很多人恐怕会觉得难以置信。我年轻时很擅长运动，一次就通过了滑雪职业一级资格，还当过滑雪教练。此外，初中一年级时，我还取得过滑降比赛的第三名，获奖的新闻也被刊登在了《中日新闻》上。我至今还记得当时妈妈高兴的样子。

升到高中后，每当遇到数学方面的问题，妈妈都能够快速地引导我解答。遇到自己也没有学过的内容时，妈妈通常会先看一下书，然后立即告诉我正确的解决方法。她超强的应用能力和智力，不得不令人钦佩。

我爸爸是国家公务员，可能受天气预报员职业的影响，在日常生活中他也总习惯端着官场的架子，时常会给人不擅长沟通的感觉；去菜场买东西时，他从来就不会讲价。相反，妈妈却能总能得到一些优惠。

很久以前，妈妈就告诉我，做事不能一心只想着取胜，要通过失败的经验寻找成功的方法。

"你爸爸一个人什么都不会做，我一定不会扔下他不管"是妈妈的口头禅，这样的妈妈在前年爸爸去世后的3个月后，也追随了爸爸的脚步，离开了我。

从小到大，妈妈都是我最尊敬、最喜爱的人。毫不夸张地说，我的生活态度、做人的准则，都离不开妈妈的苦心培养。

十一、老师留的读后感作业，不会写也没关系

很早以前，读后感就已经成为小学生暑假作业不可缺少的内容。一般，老师会指定阅读的书籍，让学生完成一篇大约800字、两张作文纸的文章。受读后感全国盛行的影响，这一作业几乎全日本都能通用。这还真难为了那些确实不擅长写作的孩子，受此牵连，估计很多妈妈都会产生诸如 "我也最讨厌写感想" 的自卑想法了。

说到这里，也许很多人都会忍不住发出 "为什么读后感如此不受欢迎" 的疑问吧？

个人认为，产生这个现象，指导老师要负大部分责任，原因主要可以归为以下几点：

首先，老师抱着撒手不管的错误态度。试问一下，在让孩子写读后感前，学校是否进行过系统的训练呢？尽管读后感已成为一个全国性话题，但是真正被传授过相应写法的孩子只是很少的一部分。对于老师所说的 "写读后感" 的作业，孩子连基本的了解都没有，又怎么能够写出好的文章呢？由于没有人告诉他们正确的写法，很多孩子就会模仿书中概要的内容，自然而然地产生 "读后感=概要" 的错误想法。

与上面所说的态度相反，老师太过认真也是导致孩子厌恶读后感的主要原因。大家以前上语文课时，是否也被老师询问过 "课文的主题"、"作者想要表达的内容" 等问题呢？受这类课堂的影响，在写读后感时，孩子会绞尽脑汁地去推测作者的想法，完全不能去享受阅读文章过程中的乐趣。

了解读书的乐趣，才是读书的关键。

为了写文章而忘记读书应以乐趣为关键，是本末倒置的。写读后感之前，首先必须让孩子享受读书的过程、体会读书的乐趣，之后再开始实际写作的过程。

说到这里，很多妈妈都会感到迷惑，不知道如何是好了吧？

在我看来，读后感根本不需要完美的收尾，更直接点说就是，孩子不会写读后感完全不存在问题。

阅读的过程中，不必在意主人公的想法，不必去猜测作者想要表达的内容，也不要受文章主题的影响，只要孩子能够发现自己感兴趣的部分，并一步一步深入地阅读去了解就足够了。

像"这里最让人觉得惊心动魄""原来如此，我明白了""太悲伤了，我都感动地哭了"等，只要孩子了解自己产生某种感觉的原因就已经足够，无须去在乎自己感触最深的部分与文章的高潮是否吻合。只有这样完成的作品，才是孩子特有的、最原创的读后感。

看了以上的阐述，各位妈妈是不是顿时觉得读后感其实也没那么难写了呢？

参照以上方法，孩子便可以彻底告别之前为了凑字故意增加换行、用平假名代替汉字、费了九牛二虎之力终于凑够两页纸的痛苦写作状态，反而可以很顺利地完成读后感的作业了。

补充一点，我参照以上方法完成的读后感，曾成功入围全国读后感大赛，因此对这个方法我有绝对的自信。

十二、"考试获得满分有奖励"的教育方法反而会削弱孩子的干劲

现在很多孩子都认为，学习是件十分烦人的事，与学习相比，和小朋友们一起玩更让人开心。在我看来，学习本身是一件十分有趣的事。有时我不由得在想，究竟是谁为孩子灌输了 "学习=努力、痛苦，'学习'两个字中就隐藏着强制性" 的错误思想呢？

孩子幼儿时代的学习，几乎都是从玩耍开始的。追逐偶然从草丛中飞出的昆虫，很可能让孩子发现自己的兴趣所在。当孩子产生 "为什么蝴蝶体积那么小却能飞那么高" 的想法后，不用大人要求，孩子也会通过看图册记住各种蝴蝶的名字、特征，对其进行更细致的观察，甚至通过亲自养一只蝴蝶的方式，主动地探寻现象背后的原理。

记汉字也同样如此。如果只单纯地在笔记本、练习本上进行反复的抄写练习，就太无趣了。

如果能在给孩子讲解汉字写法的同时，加入汉字写法的由来，如 "'马'这个字，最初就是由一匹奔跑的马象形而来的" "'火'字的形状就像正在燃烧的火焰" 等，就能够边教会孩子汉字写法边有效提高其想象能力了。逐渐地，孩子就会发出 "古代人真是太伟大了" 的感叹，或主动发出 "妈妈，妈妈，这个字是怎么得来的？" 的疑问，这样，让孩子通过自身的体验，感受到学习的乐趣才是子女教育过程中最重要的。

小学阶段是孩子感受学习乐趣的主要时期，在这个时期，希望妈妈们不要给予孩子 "获得满分就有游戏机作为奖励" 等物质方面的承诺。虽然，物质奖励在某种程度上能够激发孩子的干劲，但它却不是长久之计，从长远角度看，这只能削弱孩子对学习的兴趣。

最初阶段，物质奖励的效果有可能会非常明显。孩子可能会为妈妈承诺的游戏机而发奋努力，最终真的取得满分。但这只是一种暂时的现象，孩子年级越高，需要记住的内容就越多，考试的难度也越大，满分对于孩子来说似乎变得十分遥远，物质奖励的效果也就会消失不见了。

学习的真正乐趣在于获得新知识时所产生的快感，如果不能感受到这种快感，孩子的成绩只会不断地下降，尤其是升入初中、高中以后。

小学阶段轻松就能够获得的100分，到了高中阶段有可能变为90分、80分，甚至刚刚达到班级平均分，妈妈承诺的奖励孩子自然就不会得到了。从孩子的角度看，此前一直有的奖励突然间没有了，孩子一定会不适应，甚至独自怄气、闹脾气，逐渐地也许就变得不再像从前那样发奋努力学习了。在这样的恶性循环之下，孩子也就完全感受不到学习的乐趣了。

如我此前一直强调的那样，学习本身真的是一件十分有趣的事，子女教育过程中，父母需要掌握一些技巧，以便能够正确地诱发出孩子对于新鲜事物的好奇心、探求心。尽管"'马'字最初是由一匹奔跑的骏马形象而来"的解释，对于孩子取得优异成绩不会产生直接的影响，但它却在培养孩子学习能力方面起着不可替代的作用。

与获得满分的结果相比，不断学习的过程更为重要。

就我个人而言，语文课是我爱上学习的主要契机。小时候，读书是我最喜欢的事情，为了和小朋友竞争，我几乎读完了图书馆里所有的书籍。那时的我就觉得书中有很多我不知道的故事，充满了不可思议的事情，和小朋友的竞争也正好成为了我阅读更多书的动力。随着阅读量的不断加大，我开始能够独立写诗、写故事，能够独立地通过字典、词典等工具书查询自己不知道的内容，渐渐地，我的视野真的变得更加宽广了。

    建议各位妈妈，在孩子独立地发现学习的乐趣之前，能够耐心等待，不要扼杀孩子产生学习干劲的萌芽。

十三、切勿不断更换新的练习册，要能够针对同一本练习，进行反复练习

现在提倡远程教育，网络上能够找到各方面的练习题或专项训练的书籍。与此同时，书店的练习册、参考书也是多得数不清，希望大家不要受以上现象迷惑，变得不知道该如何选择自己需要的书籍。此外，希望大家不要盲目、毫无选择性地做练习，尤其是在升入初中以后，只需选择一本适合自己的练习册，不断地进行反复练习，相应的能力也必然会得到提高。通过第二遍、第三遍地反复练习相同的问题，能使孩子了解到自己薄弱的地方，如："这道阅读题又错了，虽然数学能力比其他人要高一些，但我似乎真的很不擅长做阅读题""做分数除法时，很多错误都是因为粗心大意造成的，要重新做才是"等。

了解自己薄弱的地方之后，相应的克服方法便自然而然能够找到了，不理解、不明白的内容也会随之减少。

除此之外，随着同一本练习册的多次使用，孩子自己添加的内容、特殊标记的内容也会逐渐增多，最终成为一本孩子"自己独有的练习册"。练习册上的污渍、汗迹越多，越能给孩子"自己曾经努力过"的真实感，使孩子信心倍增。同理，随着使用次数的不断增多，词典逐渐变旧，孩子对于词典本身的情感也会逐渐增加。尽管传统的词典在方便性方面远远比不上现在盛行的电子词典，但它却能够通过让孩子亲身感受的方式，让他能够牢记自己所看到的所有内容。

说到这里，也许有人会问，尾木老师，究竟什么样的练习册才是好的练习册呢？

练习册的好与坏并没有严格的界定，针对这个问题，各位妈妈可以问问学校的老师或邻里学习成绩较好的孩子，选择与他们相同的书籍就可以了。但就我个人观点来说，强烈建议妈妈们控制练习册的数量，仅选出最适合孩子的一本进行练习即可。

当然，在让孩子独立决定想要使用的书籍前，妈妈可以选择出自己比较中意的3本作为候选，让孩子根据自己的喜好习惯，从中选出最终决定使用的那一本。选择时，妈妈要教会孩子如何通过字体大小、插图漂亮与否、纸张的触感及拿在手上的感觉等不同方面进行挑选。

经过了以上过程，孩子对于自己挑选出的书籍自然而然会产生相应的情感。让孩子自主进行选择，孩子便不会产生被强迫的感觉，抵抗性的心理也就不会产生。这就是我们所说的，幼儿时期教育中最重要的"自主决定"的理念——通过让孩子自主作决定，诱发其作为动作主体的自觉，这种自觉最终会成为促进孩子反复使用同一本练习册进行练习的动力。

十四、设立目标要遵循就近原则，要注重明天的目标，而不是明年的目标

心理学证明，与诸如1年左右的长远目标相比，按照"大"、"中"、"小"的先后顺序设定目标的内容，目标的实现概率相对较大。年轻的时候我跑得非常快（虽然现在由于发胖早跑不动了），那时我在担任老师的同时，还兼任了学校的田径队顾问。接下来要给大家介绍的就是我在身为田径队顾问期间实际使用过的方法，能够帮助队员有效提高成绩。

首先，设定一个总的目标，即"大目标"，如"通过地区预赛环节，进军县大会"。

大目标设定后，接下来就要考虑进入县大会候选需要获得怎样的成绩等问题，设立"市内比赛中，必须进入前三名"的"中目标"。中目标设定完成后，就需要考虑为实现中级目标所要进行的必要练习、需要克服的弱点及进一步发扬的长处等具体的内容。

中目标设立完成后，就可以设立诸如"为了提高最基本的跑步耐力，每天坚持跑7千米""为提高瞬间爆发力，每天做50组间歇性训练练习"等，具体包含每天训练内容的小目标了。

与仅简单地设立一个"为进入县大会而努力"的大目标相比，按照目标的大小逐级分类，能使目标的内容更加明确，使孩子每天都能够有所收获有所进步。

设立小目标时，除需要注意保持其明确具体的特征，还应从以下要点加以注意：

难度不能过大，要选择那些通过努力能够达到的内容。小目标不断实现的过程中，孩子的自我肯定感（在教育学、心理学中又称"自尊"）会得到有效提高。这种"自己能行"的感觉，能够加倍地激发出孩子的干劲儿，成为孩子实现中期目标、最终目标的原动力。到那时，我们就会发现，向着更远的目标前进，取得更好的成绩已不再仅仅是梦想了。

最近，我听说此前一向抱着轻松愉快的心情参加比赛的花样滑冰选手浅田真央遇到了一些事情，结果在某一段时期内情绪非常沮丧，产生 "自己总也跳不起来" "长此以往，自己可能再也不会成功" 的消极想法，对此我真的很担心。在我看来，如果浅田选手能够重新竖立自信并适当地肯定自己的努力，也许哪一天就能够完成比之前更高难度、更完美的跳跃了呢。

十五、对于最近盛行的公立初、高中一体校，有些孩子适合，有些孩子也许并不适合

此前，在大学讲课时，我提出了"在日本，什么阶段属于初等教育，什么阶段属于高等教育"的问题，当时在场的大学生们都是这么回答的——"中等教育就是初中，高等教育就是高中"。恐怕看这本书的妈妈中也有人抱有同样的想法吧。

事实上，这种理解是不正确的。准确来说，小学阶段所学的内容为初等教育内容，中等教育同时包含初中、高中两个阶段，而高等教育涵盖此后大学、研究生、博士生的阶段。中等教育阶段主要是孩子们创作、独立生活的基础，也是在获得各方面知识过程中磨练自己个性，以及通过与人交流探寻自己存在意义的重要时期。此外，中等教育阶段还是孩子设定未来"职业生涯"的绝好时机，在此阶段内，孩子会认真地考虑自己在今后高等教育阶段想要学习的内容，考虑将来想要从事的工作等。

对孩子社会性的培养往往需要较长的、不间断的时间，因此，正常来讲，初中到高中两个阶段的6个学年，本应该是连续、不间断的。

但是，现在日本的现状却是，受应试的影响，很多孩子的初、高中阶段被硬生生地分开了。众所周知，高中入学考试一般难度比较高，被称为是"15岁的墙壁"，也正是这"墙壁"将中等教育强行分为了两个阶段，受应试思想的影响，家长们不再关心孩子们是否掌握真正的知识，而是一味地关注孩子偏差值，将宝贵的时间大量浪费在填鸭式的应试教育学习上。这种现象，在所有先进国家中恐怕只有日本才会出现，正所谓连教育也和手机一样，被"大龟群岛综合征化"[※]了。

※ "大龟群岛综征症"是指达尔文在大龟群岛上碰到的区域性生物，其进化方式非常独特，与大陆上的生物截然不同。意为世界上的技术、服务等进入日本市场后，就进化成了与世界相去甚远的日本特有的产品。

现在的私立初、高中一体校，可以说在某种程度上解决了以上问题，因此倍受大家欢迎。但是需要提醒大家的是，私立的初、高中一体校在解决教育连续性问题的同时，也存在着一定的不足。

进入私立初、高中一体校，孩子不得不在小学五六年级时面临入学考试，当时孩子们也才十几岁，还处于十分稚嫩的阶段，又怎么能够独立地选择适合自己的学校呢？最终的结果只能是任家长摆布，更甚者，还可能被"根据孩子偏差值，预测能够合格的学校"的学习班所摆布。

为解决以上问题，1999年各都道府县、市设立了新的教育机构——公立初、高中一体校。由于设立的主体是各都道府县以及市，一体校的课程全部无偿提供，六学年的学费远远低于私立机构。

除此之外，各学校还确立了自己特有的教学方针，从长期可持续性角度，对校内的课程进行了设定。其中，有些重视孩子综合学习能力的学校，特意和区域内的企业、大学、研究机构建立合作关系，开展各种自然体验活动、志愿者活动，帮助孩子全方位掌握各种知识技能。当初，设立公立初、高中一体校的提案提交国会审议时，就是为了避免应试教育、精英教育问题的进一步加重。因此，不仅仅以进入名门大学为目标，重视孩子个性发展才是公立初、高中一体校的主要方针。

说到这里，我想提醒各位妈妈的是，尽管公立一体校有着自己独有的特色，但是，对于这些特色，有些孩子会很快适应，有些孩子也许根本就不适合。

那些做事积极、喜欢和大家协作一起完成一件事情的孩子，到了公立一体校会如鱼得水；而那些喜欢独自学习、生活的孩子，也许会很不适应那里的学习环境。

另外，尽管公立一体校有很多优点，但是它也不是万能的，学校内也可能存在学生相互虐待、歧视等问题，孩子也可能由于不适应导致成绩下降。6年对于一个正处于情感不断变化的孩子来说，多少会显得有些漫长，一旦选择，就不得不面临6年无法重来的风险。所以，在为孩子确定方向时，希望妈妈能够耐心地和孩子沟通，考虑孩子的意见和感受。

与妻子的相遇、相知、相爱

　　虽然从小到大我一直没能摆脱自己的恋母情结，但我还是遇到了命中注定的那个人——我的妻子。她真的特别单纯，比我最喜欢的中村玉绪先生※还要单纯。

　　我们是在早稻田大学相遇的。当时，学生从学部毕业后还要进入专科（现已被取消）进行继续学习，我们就是专科课程的同班同学。

　　第一次见她，我就觉得她很有个性。

　　明明已经迟到，她还要大大方方地从前门进入，站在正在讲课的教授身旁东张西望，寻找空着的座位。一般人遇到这种情况，肯定是偷偷摸摸地从后门进入，但是她却完全相反，完全不在乎别人的眼光，而且还不是一次两次，每次都重复相同的动作。当时我就觉得她很有趣，被她的单纯和朴素所吸引。

　　一天，姗姗来迟的她恰好坐在了我身边的空位上。下课后，我抓住了这个十分难得机会，约她一起回去。别看我现在这样，该出手时我还是会出手的。那天我们两个人一起走到高田马场车站，进

※中村玉绪，日本知名女演员，被影迷爱称为妈妈。

入了一间叫做RENIOR的咖啡店（估计这家小店现在还能够找到），我们各点了一杯茶，开始了我们的第一次约会。

和她一起回过在新潟县的老家后，我们的关系有了飞速的进展。当时，我正在写一篇以松尾芭蕉的《奥州小路》为研究对象的论文，将要完成时，我想要追寻一下芭蕉先生的足迹，以便更深入地理解作品的内容。那天，刚一进入新泻县境内，我就想起她老家也是住在新泻，便毫不犹豫地去她家找到了她。现在想想，幸好我那时脑袋一热地去看她了。

对于我的突然到来，她没有多说什么，而是笑呵呵地将我迎到了家里。由于机会难得，两个人便一起去了附近的日本海。

不幸的是，散步时，我被海滩附近的礁石割破了脚，而由于她家比较偏远，根本找不到医院，不得不拜托别人将我送到最近的医院——一个退役军医开的内科诊所。

医院的医生上来就问我"没有麻药了，能忍吗"，尽管一万个不愿意，我还是强忍着疼痛，让他缝合了伤口。手术结束后，医生嘱咐说，伤口愈合前不能下地走路，不得已，拆线前的很长一段时间，我都住在了她的家里。

正是这次意外，使我们的关系有了进一步发展，两年之后，我们便步入了婚姻的殿堂。我想这就是所谓的"因祸得福"吧。我妻子是当地有名的茶屋的长女，我娶了她完全可以说是入赘到她家。由于此前一直娇生惯养，刚结婚时妻子连最简单的味噌汤也不会做，除此之外，无论是在打扫卫生还是教育子女方面，都是我比较擅长一些。

尽管如此，她还是我行我素，从不勉强自己。她从来没有因为不会做家务而向我道歉，表示今后会努力做好，就只是单纯地做最真实的自己。我经常在纸上写的人生座右铭——"最真实才最闪耀"，就是我从妻子身上学到的。

　　"不勉强自己，我也照样能活到60岁"，始终抱着这个想法的妻子，第一次见到我妈妈时，给妈妈留下的印象并不是太好。但是妈妈去世时，却将妻子叫到自己身前，诚恳地说："直树能有今天的成就，都是你的功劳，妈妈谢谢你。"

　　从我们26岁结婚，到现在已经近40年了。这些年来，我始终觉得和妻子结婚是我的荣幸，妻子的存在本身就是一件让人开心的事，因此，只要在一起，无论说什么做什么我都十分开心。有了她，我的生活就从没缺少过欢笑。

下篇

有效促进
孩子成长

一、"孩子的大脑发育在3岁前完成"的观点是绝对的谎言

现在的妈妈们有时真的是过于认真，对外界的信息毫无疑虑地全部接收。

如果某天杂志上突然出现"孩子大脑的发育到3岁后就会停止"的报道，一定会引起不小的轰动吧？

估计各位妈妈一定会将事情想得很严重，一定会认为"如果3岁前不对孩子加以训练，那就完了"。在此我想问一下各位妈妈，假设报道的内容是真的，孩子大脑的发育在3岁会停止，那孩子上小学、上中学、上大学时会发生什么情况？就一直不会成长了吗？——显然不可能。

一起参加《真的吗？！TV》的嘉宾中，有一位我十分尊敬的脑科学家——泽口俊之先生。他曾经说过，孩子出生20分钟左右后，妈妈给孩子一个拥抱，能够有效促进其大脑的发育。这一观点绝对正确，因为，来自妈妈的拥抱对于孩子形成"最基本的信赖"必不可少。但是，在此我想说的是，真正了解这个知识，并能够做到的人真的是少之又少。针对"如果做不到怎么办"这个问题，本节接下来的内容将会为大家做详细的讲解。

现在很多妈妈在怀孕之初就开始对孩子进行胎教，听一些英文歌曲、看英语电视剧，试图企盼孩子一生下来就会说英语；有的父母甚至还故意用英语表达诸如"真可爱"、"宝宝的出生是妈妈一生中最开心的事"等表扬的话。

在此我想提醒大家的是，上述的"人为创造的早期教育观"是完全错误的，完全是本末倒置。有句谚语说"3岁看老"，幼儿期的教育确实会对孩子产生较大的影响，但是，这些影响却并

不足以成为孩子生长发育的原动力，同时也没有重要到能够决定孩子的一生的程度。

子女教育没有早晚之分，这是我作为一个教育研究者始终坚信的观点。无论处于怎样的年龄时期，孩子都能够从零开始学习、接受教育成长得很好。

如果是很久之前，遇到为这些小事烦恼的妈妈，周围的阿姨、奶奶们肯定会首先一笑了之，边安慰说"什么学习英语3岁前最好，你小时候，也没怎么接受专业的教育，现在不是也挺出色的吗"，边鼓励妈妈们不要过于忧虑，给予适当的建议。

听到这些建议后，估计妈妈们会感觉思路豁然开朗，同时也会松一口气吧。近年来，以子女教育为家庭核心逐渐成为社会主要趋势，这让妈妈们肩上的负重不断增加，妈妈们产生了"教育不好孩子完全是自己的过错"的想法，最终使得妈妈们过于依赖外界信息，时常会产生焦虑不安的情绪。

以上内容并不是说外界的信息肯定不准确或完全不能相信，我只是想告诉各位妈妈，要做到具体情况具体分析，如果妈妈以自己的知识认为正确，完全可以放心地采用。但是，希望各位妈妈不要过于拘泥于理论，要更大程度地表达出自己对孩子的爱。归根结底，对于一个3岁左右的孩子来说，最需要的还是来自妈妈无限的爱。

二、绝对不要对孩子使用"不许"、"快点"等词语

　　日常生活中，各位妈妈是否经常催促孩子"快点"呢？在现今社会女性也不得不外出工作、忙碌，妈妈们每天都有如山多的做不完的事情，有时情急之下脱口而出的话语，就那么不自觉地违背了自己想要耐心教育孩子的本意。

　　试问一下：孩子刚出生时，各位妈妈是否斥责过自己孩子呢？我想一定没有吧。尽管那时由于孩子小，需要不间断地照顾，为孩子喂奶、夜里哄孩子睡觉花去了妈妈很多的精力，但是无论如何，对于妈妈来说，与孩子待在一起的时光一定也是最美好的吧。

　　各位妈妈对孩子产生的轻微的不耐烦情绪，是不是从孩子上幼儿园或小学后开始的呢？在我看来，妈妈们产生这种消极情绪，完全是由于深埋在内心深处的效率主义观念和竞争性的价值观开始萌发膨胀导致的，最终的结果就是，自己在无意识中就产生了"无论是在学习上还是在生活上，都不能让我的孩子落后于其他孩子""孩子的成绩一定不能落下""总之就一句话，万事提早做最好"的思想。

　　当然，不能否认，在妈妈们的消极情绪中，也确实包含着对孩子"随着年龄增长，掌握的事情逐渐增多""考虑到自己本身也比较忙，孩子会适当体谅"等的期待。但是，尝试转换角度观察，就会发现，妈妈的这种期待实际上是对正处于成长阶段的孩子的一种撒娇性的行为。

　　确实，在现在这个忙碌的社会中，父母、孩子都面临着各种各样的压力。尽管如此，诸如"快点"等的命令，不但不能减轻双方的压力，反而有可能阻碍孩子的正常生长发育。

　　早上去幼儿园之前，如果孩子鞋子还没有穿好，却被玄关周围的事物吸引住注意力，开始"不务正业"地玩耍，遇到这种情况时，很多妈妈估计都会发出"干什么呢，快点穿鞋"的斥责吧。这样一来，自己无心的一句话，可能就使孩子丧失了本应有的好奇心及主动性。各位妈妈是否想过也许孩子之所以忘记穿鞋，是因为被玄关附近蚂蚁们努力搬运食物的情景所感动而无法自拔呢？我们认为平常的事，对于孩子来说，也许就是一种新的发现，所以，建议各位妈妈在唤醒孩子的注意力时，要选取适当的方式，不要扼杀孩子好奇心、主动性的萌芽。

　　倘若妈妈能够通过"在观察蚂蚁吗？这么小的事物都能观察到，你太棒了！接下来妈妈和你一起去看看蚂蚁究竟去哪里好不好？"的方式发出征询，孩子一定会爽快地答应，并立即穿上鞋出门了吧。

　　相反，如果只被眼前的情景所迷惑，一味命令孩子，只能使孩子变得逆来顺受，缺少自己的主见。

　　在我看来，性格温顺、做事缓慢的孩子也没什么不好，希望各位妈妈不要因为自己的急躁情绪，忽略了性格温顺孩子的身上所散发出的闪光点——能够专心致志、全身心投入地做事情或拥有自己特有的个性、待人温和等。

　　运动会上，看到始终倒数第一的孩子在最后关头拼搏的身姿时，想必大家都会感动吧。

　　以此类推，每一个孩子所具有的不同性格特征，都无法单纯从快与慢的角度进行比较。

　　与"快点"一样，"不许""不行"等词汇也会抑制孩子的行动，限制孩子的兴趣，阻碍孩子的发展。

　　教育孩子时，妈妈们要尊重孩子对周围事物的好奇心及想象力，让孩子在玩耍的过程中，慢慢地了解周围的世界，最终成为一个健康乐观的社会人。因此，各位妈妈要有足够的耐心，具备"即使孩子不会穿鞋，地球也照样正常旋转"的乐观态度。

三、经常被询问"怎么了"的孩子更诚实

　　无论是学校的老师还是父母，都很少对孩子提问。也许在我们的潜意识中，老师将知识传授给学生、妈妈将知识教给孩子已成为一种固定的模式，导致我们从来就没有产生过向孩子提出问题的念头。当然，也不排除父母不好意思、拉不下脸向孩子问问题这个原因。

　　我个人认为，父母遇到迷惑的问题时，不妨直接地问一问孩子。孩子进入幼儿期时，正是好奇心、求知欲最旺盛的时候，一天到晚诸如"妈妈，妈妈，这是什么？""这个为什么这样？"等问题从来就没有间断过。这种情况下，妈妈偶尔主动地发出"这是什么"的询问，孩子的想象力、发散思维会瞬间膨胀，完全有可能说出人意料的，甚至让人哭笑不得的答案。在询问孩子时，建议妈妈使用以下任何场合都能够广泛应用的魔法词汇——"怎么了"。

　　孩子没穿鞋就跑出去，妈妈们第一反应肯定会是"别跑了！再跑袜子都脏了！真烦人，脏衣服又多了一件！"更有甚者，有的妈妈也许就没忍住怒气，动手打了孩子。事实上，孩子产生某种行动，一定会有相应的理由。如果连问都不问就直接发脾气，不但孩子感到委屈，妈妈本身的心情也不会好吧。也许孩子不惜弄脏袜子，不穿鞋直接跑出去，只是为了救下被乌鸦欺负的小猫呢。如果妈妈不分青红皂白地一通发火，从此以后，孩子就会担心惹妈妈生气、心情不好，再也不去救助受欺负的小动物了呢。

　　当然，如果事件的严重性远远超过只是将袜子弄脏那么简单，就需要妈妈严厉地阻止孩子，告诉他"不行"。具体操作时，也可从此前介绍的询问"怎么了"开始。

　　看到平常关系一直很好的姐妹俩突然大大出手，妈妈同样可以以 "怎么了" 的方式询问。这时，孩子一定会告知自己动手的原因，如 "妹妹玩火，我觉得太危险，一时着急就打了她" 等。听完孩子的讲述后，妈妈若能够耐心地给予 "原来姐姐是在担心妹妹，真不愧是姐姐。但是，以后再遇到这种事，不要动手，先把原因告诉妹妹，她会理解你的" 的建议，姐姐一定会欣然接受，并热情地抱住妈妈吧。

　　综上所述，"这是什么" "怎么了" 等，是能够激发孩子主动性、动作欲望的关键词。主动向孩子提问，也是我所有教育理念中最重要的内容之一，就我个人而言，迄今为止，我从没因我主动询问而后悔过。

四、妈妈要主动地道谢、道歉

开始本节的讲解前我想问各位妈妈一个问题,希望大家能够诚实地回答。最近这3天,各位妈妈对孩子说了几次"谢谢"呢?估计很多妈妈都会回答"一次都没有"吧?

接下来第二个问题:当自己做错事情、遇到困难时,各位妈妈是否能够勇敢地向孩子道歉呢?估计只有绝少一部分妈妈有勇气这样做吧?

事实上,来自妈妈的道谢、道歉的话语,能够使孩子的自我肯定感得到有效强化,因为,现在向自己低头道歉、道谢的人不是别人,正是自己一直尊重的妈妈。

"做了好事、正确的事情,会得到别人的感谢""做了错的事情,要向他人道歉",妈妈是在用实际行动告诉孩子这个道理,是最崇高的道德教育。

在孩子心中,父母、老师的形象都是高大的,这样"高大"的妈妈,通过降低自己的身段,与身高1米左右的孩子平视的方式,教会孩子不要盛气凌人、与人交往要坦诚的道理,久而久之,教育出的孩子自然可以足够坦诚,能够自然地向别人道谢、道歉。

相反,如果妈妈太过于固执,抱有"大人说的话才是对的""妈妈有妈妈的想法,不会错的""等你长大了就知道了"等想法,始终站在过来人的角度、不直面自己的孩子,随着孩子年龄的增长,母子间的关系也许会逐渐恶化。

都说孩子是看着父母的背影长大的,希望各位父母留给孩子的不是自己逐渐老去、身材走形的背影。教育的核心内容是"共育",即父母和孩子能够坦诚相对、共同成长。

五、为培养孩子的想象力，妈妈必须自己变身为作家

从幼儿时期开始，给孩子读故事，对孩子情操的培养有着不容忽视的作用。

女儿小的时候，我最喜欢给她们讲故事了，总想着一定要把她们培养成心地善良、情感丰富的人。还记得，当初为了给两个女儿读故事，真是忙坏了我，我读过的故事书约有几百本。一般从书柜上选择故事书时，我都会适当地征求一下女儿的意愿，然后和她们躺在一张床上，用不同的声音演绎故事中的人物。在我看来，和女儿一起读书的那段时光，是任何时候都无法替代的、最幸福的时光，现在回想起来，心里仍旧会有暖暖的感觉。

只是按部就班地读书，对于现在的妈妈来说，似乎有些过于简单。因此，建议各位妈妈稍微拿出一些自己的童心，尝试去创编故事，并即兴地讲给孩子听，当然也可以和孩子一起创编，我女儿那时最喜欢的就是我自编的故事，总是不依不饶地催促我继续往下讲。

每当听到女儿"爸爸，继续讲呀"的声音，我都会开始又一轮新故事的讲述。

故事的内容中通常包括早上和女儿一起去幼儿园途中看到的景色、遇到的人，平时关系比较好的同学、老师，正在散步的小狗等，凡是日常生活中孩子经常能够接触到的、比较熟悉的内容，我都拿来编入故事里。

即使前后两次所讲的故事不连贯也没关系，就我自己来说，之前给孩子们讲过什么，现在真的一点都不记得了，所以有时不禁后悔，当初为什么没有用磁带录下来。事到如今也只能安慰自己：只有被遗忘的才能够成为最美好的回忆。

当然，连续几天讲同一个故事的情况也时有发生，每当这时，女儿就会提醒我"这个故事已经讲过了"，要求我更换新的内容。

除此之外，妈妈也可以根据自己的想法，为画册编写续集。和孩子一起想象故事的结尾，真是一件非常有趣的事情。

给孩子读故事时，最简单的变化方法就是用家里饲养的小猫小狗代替故事中的小动物，这一变化本身看起来并不显眼，但却能很有效地吸引住孩子的注意力，使孩子一下子就能够进入故事之中。

给孩子讲故事时，不同的孩子可能会产生不同的反应——明明一点也不可怕的内容可能会引起孩子的号啕大哭；孩子也会在我们意想不到的地方突然发笑。同样地，在讲故事的过程中，妈妈们也会产生"原来孩子这么有趣"等新发现。

在子女教育过程中，每位妈妈都能变身成一流的作家，真心希望各位妈妈能够享受和孩子在一起的快乐时光。

我就是元老级"育男"

"育男"在2010年曾入围当年度的流行语大奖，所谓"育男"特指积极地参加并享受子女教育、做家务过程的爸爸们。

厚生劳动省还特意设立了"育男奖励项目"，此后，在广岛县知事希望取得育儿假的号召下，"育男"开始受到世人的关注。到现在，"育男"已不再仅仅是一种流行趋势，它的概念已经深入人心。

仔细算来，我的"育男"经验已经有33年之久了，完全就是元老级"育男"。受"妻子在外工作，我自己又很能干"的家庭环境影响，我总觉得，将子女教育如此有趣的事情完全交给妈妈一人难免有些可惜。

当初照顾女儿时，印象最深的就是每天早上送女儿去幼儿园时的情景，每天早上都如同一场战争。起来第一件事就是在老师发给的联络册上记录孩子的状态，喝了多少牛奶，除了牛奶外吃了什么东西，去了几次厕所，体温是多少等。当以上工作终于全部完成，即将要出发时，孩子总想再去一次厕所，搞得我不得不匆匆忙忙地再为她更换一次尿布。

　　尿布换完之后我也不能完全放心，就担心孩子在幼儿园会突然发烧。有一次，我在工作时，突然接到了幼儿园老师的电话，说孩子突然发烧了。尽管这样的事常有发生，我每天都在提心吊胆中度过，我还是感受到了照顾孩子所带来的乐趣。

　　在我的悉心照顾之下，我的两个女儿都健康地长大成人了，大女儿现在已经33岁，连小女儿也25岁了，她们两人都遇到了自己喜欢的人，已结婚成家。大女儿现在长期在美国的芝加哥生活，小女儿和我们夫妇一起住，每天都陪伴在我们身边。

　　2011年，大女儿的孩子，我们家的第一个外孙出生了，是一个可爱的女孩。她的出生，可以说是终于圆了我做外公的梦想。

　　孩子快出生时，妻子特意赶到美国去帮忙。在日本时就不怎么会照顾人的妻子，到了那边自然也不会成为得力的助手。据说，由于不会英语，与别人不能正常交流，每次女儿都不得不忍受着阵痛，充当翻译。

　　听说，医生每说完一句话，妻子都会发出"刚才医生说什么了？"的询问，真是难为孩子了。更严重的是，由于不知道回家的路，妻子不得不勉强和孩子挤在单人病房里，让周围的美国人产生误会，以为这就是日本生孩子时的常态。

　　当时，"怎么办，除了孩子之外，我还要分配精力照顾妈妈，爸爸，你快想想办法呀"已经成了女儿每次打电话必说的内容。其实，在我看来，大女儿和妻子两人完全是半斤对八两。当初参加高中入学仪式时，两个人居然一起迟到，真不愧是母女！

　　家庭成员的增多并没有改变家里一向欢乐的氛围，而我自己也暗下决心，在外孙女称呼我"尾木妈妈"之前，我要更努力地对家人给予支持，给予照顾。

六、承诺孩子的事一定要办到

爸爸妈妈对孩子承诺的事，要想方设法做到，这一点十分重要。很多时候，由于自身的工作、所处的环境等原因，使我们无从脱身、无法实现对孩子的承诺。例如，明明约好了周日和孩子一起去野餐，出发当天，突然收到公司通知，要开紧急会议等。遇到这种情况时，我并不建议作为父母为了遵守与孩子的约定，逞强地放弃重要的工作。

遇到这种情况，最好的解决方法就是真诚地向孩子道歉，对孩子承诺："这次由于工作去不成了，作为补偿，爸爸下周日、下下周日陪你去野餐两次。"通过这种方法，告诉孩子除了必须完成的刚性承诺外，这样的稍具随意性的承诺也是承诺的一种。

需要注意的是，各位父母绝对不要找诸如"这也没办法，妈妈也是靠为人工作来养家的""妈妈这么努力地工作也是为了这个家着想"等借口，这样只能降低孩子对于父母的信赖感。

不要让孩子产生"答应的事不做也没关系，反正爸爸妈妈本来就不是能够坚守承诺的人"的想法。一旦作出了承诺，无论多么困难，也要想方设法地做到，因为从父母实现承诺的行为中，孩子能够逐渐了解并懂得承诺，明白人与人间相互信赖的重要性。

我建议父母们对孩子作出承诺时，从一些简单的、容易实现的事情开始，如让孩子独立收拾弄乱的玩具。孩子顺利做到时，通过"太棒了，宝宝真能干！宝宝都会收拾屋子了"等方式，给予适当的夸奖；孩子无法独立完成时，也要给予适当的鼓励，千万不能斥责、惩罚孩子。

　　除了遇到孩子走上犯罪道路、打人、欺负别人等情况，要进行严厉地制止外，基本上在整个子女教育过程中，惩罚都是最不需要的环节。诸如"你再学不会，就不给你买零食"等，根本就是错误的方法，孩子不能做到时，妈妈们应该对其能够顺利完成的部分给予奖励。只有这样才能够使孩子茁壮成长，才能够促使孩子通过自身的努力去完成自己所不能完成的事情。

七、自己的孩子也许并没有我们想象中那么可爱

很多父母都认为自己的孩子永远都可爱,事实上,这种想法十分危险。孩子并不是所有时候都能够听从父母的劝说,因此,孩子的成长结果往往总会偏离我们的想象,尤其是在孩子3岁以后。在3岁后,孩子具有了自我意识。

孩子满3岁后,出去散步时,也许就再也不能像之前那样,直线去直线回了,对妈妈"不是那边,是这边""天黑了,该回家了"等劝说,孩子可能会给出"不要,就要去那边""不行,我要再看一会儿电车"的回应。外出买东西时也是如此,不愿意给他买的东西,孩子会一直吵着要,怎么劝都不听。

遇到以上情况,如果妈妈每次都发火,那么只能在无形中增加自己的压力。

事实上,父母对孩子的期待过高,是妈妈产生"明明育儿方法没有错,为什么孩子就是不听话""我的孩子应该能够做得更好才行"等想法的主要原因。过高的期待会使妈妈将自己推向绝境,也不利于孩子健康成长。妈妈将自己的梦想强加给孩子,期待孩子完成一些高难度的事情,只会增加孩子"总是得不到妈妈的肯定"的不安,以及"为什么自己就是达不到妈妈的期望"的自我否定感。父母的期待对孩子的成长确实有着积极的作用,但是,希望各位父母在传达自己的期待时,保有一定的耐心,掌握正确的方法——在日常生活中,对孩子能够顺利完成的事给予奖励、肯定。只有这样,孩子才能够树起自信,以后才能够完成更高难度的事情。

听说最近很多婴儿杂志、模特公司都在募集婴儿模特、婴儿偶像明星。看到这样的消息,估计很多妈妈都会心动,抱着"我

家孩子这么可爱，将来一定能成为和小雪一样出色的演员"的想法，想通过将孩子培养成大明星，来实现自己曾经的梦想吧。

　　在此，我想说的是，我们的孩子也许并没有我们想象中那么可爱，有了这种想法，妈妈的压力会有所减轻，孩子也更能够茁壮成长。

　　孩子是不会永远按照父母的想法生活的，正因为孩子出现了这种偏离父母意愿的行为，才使我们有了意想不到的发现和惊喜，使教育孩子的过程更加有趣。

八、让孩子帮忙倒垃圾，使孩子更加成熟

　　除了是元老级的"育男"之外，我还是元老级的"家务男"。由于我和妻子都在外工作，而我又不好意思通过撒娇的方式获得妻子的帮助，可以说，我家的大部分家务，如做饭、洗衣服、收拾桌子等都是由我独立完成的。

　　我最喜欢每天早上的时光，十分忙碌，却具有一天中最充沛的精力。早上的时光也最能考验一个"家务男"的安排能力。

　　每天，吃完早饭后，客厅的表都会准时指向八点半，如果当天有需要扔的垃圾，我会边为孩子准备幼儿园用的东西边收拾屋子里的垃圾。逐渐地，通过观察，女儿们也了解了垃圾的分类方法。

　　突然一天，女儿居然提醒我，"爸爸，鸡肉串的签子把垃圾袋都弄破了，这样收集垃圾的人会被扎伤的"，对这个提醒，我给予"确实太危险了，谢谢你提醒"的回应。此后，为了不被女儿所指责，我都是把签子折断放在空的牛奶盒中后，才放进垃圾袋里。

　　在那之后，对我所洗完的盘子，女儿也开始了各项检查工作，经常告诉我哪里没洗干净，虽然我已经十分努力地在洗涤了。

　　这样一来，对我所有做家事的行为、扔垃圾的方式、洗碗的方式等，女儿都会进行严格的检查。能够对别人完成的结果进行检查，自己做同样的事情时，自然而然会更加认真和专注。与此同时，孩子的"我家里爸爸妈妈都在工作，家里的家务需要大家一起完成。我也是家庭的一员"的家庭意识也会逐渐萌发。长此以往，孩子自然能够自发地为他人着想、帮助他人，变得更加成熟。

　　除此之外，爸爸经常做家务还可以帮助孩子消除"男人应该……""女人应该……"等的性别差异带来的影响，降低其钻牛角尖的风险。

现在，我的两个女婿都是很好的人，今天我还和二女婿一起出去倒垃圾了呢，不可思议吧！都说女儿一般会和爸爸相似的人结婚，看来还是有一定道理可循的。

九、常吃饭团的孩子，不容易被欺负

　　无论是在学校还是在家里，孩子都有过一次、两次甚至更多次的被欺负的经历。一直以来，我一直致力于如何减少孩子被欺负、被虐待的工作，但还是总能够看到孩子们由于承受不住痛苦而自杀的消息，说实话，我真的很痛心。

　　一般，在家里受到父母体罚的孩子，到了学校欺负其他同学的概率会很大，而通常情况下，父母对孩子在学校欺负别人的孩子的事完全不了解。

　　对孩子来说，传达自己的意见、按自己的想法做事就等同于向周围人诉说自己的能力。

　　近年来，受经济不景气的影响，人们的生活开始变得不安定，与泡沫经济时代相比，父母焦虑不安、身心疲惫的情况也进一步加剧。

　　受此影响，父母与孩子面对面谈话的机会也在不断减少，由于沟通不足，越来越多的父母误认为体罚、暴力就是一种教育方式。无论怎样，父母对孩子的爱都是不会改变的，但孩子对于来自父母的爱和重视却没能够感同身受。也正是因为如此，孩子才会对自己缺乏应有的信心，经常出现情绪波动，最终致使孩子通过欺负比自己弱小的人来获得满足感。一般来说，在父母关系不和睦家庭中长大的孩子，很难处理好与朋友间的关系，因此，暴力就成了常用的解决方式。

　　来自父母的爱是减少孩子间相互欺负最好的方式，而妈妈亲手做的饭团作为表达，又可以被称为是表达爱的最好方式之一。

　　最近，动画人物造型的便当备受大家欢迎，但是出游时为图方便，很多孩子用便利店的饭团来代替便当，认为只要不饿肚子就可以了。

每当听到这样的想法，我便不由得感到心酸。并不是说便利店现买的饭团不好，上面的海苔也确实很新鲜，馅儿也够足量，确实很好吃。与此相比，妈妈做的饭团也许并没有买的那么好看、好吃，但是却是妈妈很早起来，煮米饭然后趁热捏的，里面充满了妈妈对于孩子的爱意。

妈妈做的饭团中，有着便利店买到饭团的所无法比拟的用心及爱。对孩子来说，与父母肢体接触所产生的爱极为重要。在此需要提醒的是，即使妈妈亲手为孩子做好了饭菜，让孩子一个人吃，或者一家人只是坐在电视前各吃各的，饭菜中的爱也是无法顺利传达的。相反，如果能够一家人坐在一起边聊天边吃，即使吃的东西是从超市里买来的，也是一件令人十分快乐的事情。

最后，各位妈妈得到孩子"真好吃"的夸奖时，不要忘记给孩子一个大大的拥抱。

十、擅长教育孩子的妈妈，其笔迹一般会很漂亮

小时候，妈妈经常会给我留一些便条，"我在楼下，吃的东西在锅里。吃饱了再过来帮忙吧。妈妈"就是其中的一条。

这些用楷书清晰写下的便条总是放在桌子上的小黑板上，由于"过来"的"来"字有些歪斜，总是使我忍不住产生"大人的字还真奇怪"的想法。

我出生在滋贺县关原市附近，伊吹山脚下的一个村子里。上小学三年级时，经常照顾我的祖母突然去世。从那以后，每天一开门就能够听到的"直树回来了"的声音就再也没有出现过，妈妈所留便条的出现，可以说很有效地缓和了祖母去世所带给我的凄凉感。

放下书包、打开锅盖后，我立即就看到了妈妈便条中所说的蒸熟的白薯。一般情况下，我都会立刻用报纸将白薯包起来，带上帆布帽子，边大喊着"妈妈"边向妈妈所在的"楼下"的田地里跑去。听到我的喊声，妈妈都会放下手中的锄头，笑着等我跑过去。每当回忆小时候的事情时，我都会回想起妈妈漂亮的笔迹和当时自己的那种安心感。

现在，通讯技术越来越发达了，很多妈妈都会通过短信的方式与孩子进行文字的交流，如"到家了吧，午饭在冰箱里，吃前热一下。好好学习"等，既简单又方便，我也经常这么做。但我觉得，相比之下，孩子可能还是更喜欢妈妈手写的便条，短信再多也只能算是一种传达信息的工具，内容中所包含的爱要远远低于妈妈一笔一画写下的字迹。

手机短信的信息传递功能十分强大，但是从沟通交流方面来看，它的功能还远远不够。我想再提醒大家的是，各位妈妈

在给孩子留便条时要用心地书写。这些孩子熟悉的字迹能够带给孩子类如"即使妈妈不在身边，也在关心着我，保护着我"的安心感。

在这种被妈妈守护的安心感中，孩子会更好地成长。我还在担任中学老师时，经常给全年级的孩子发布一些消息，包括近期年级内发生的事情、运动会、文化祭的话题等。传递这些孩子们感兴趣的话题或者我想要传达的信息，确实是一件非常有趣的事，所以每次我都是很用心地在写。那时复印机还没有那么普及，所有的消息都是我亲自誊写、印刷的，用小刀刻下的每一个字中，都包含着我对孩子的情意。

那时，我无论多忙，无论身体多么不舒服，我都会坚持全年如一日地誊写。22年来，我发布的消息已经超过了400条。由于我总是主动地讲述，时间长了，孩子们也会给我热情的回应，如"尾木老师发现最近大家有些懈怠，大家要提起精神，再加把劲呀""一定要将运动会推向高潮呀"等等。

现在，对自己的妻子、女儿，我仍旧坚持着使用便条的习惯，提醒她们"冰箱里有蛋糕，别忘了吃"等。为了便于看到，这些便条一般会被我贴在电视的正中央。

工作时，我也会给相关工作人员留一些便条，为此我经常听到无法识别我笔迹的新人提出的诸如"老师，不好意思，这个字怎么读"的问题。看来书写时，我所投入的感情还不够，笔迹有些潦草了，以后还要继续努力！

只有爱能够拯救青少年

说实话，我有段时间真的很生气。

因为那个阶段，日本的教育处于一种即将崩溃的状态，就像是缺少了底的木桶。

2010年10月，大学生就业率已经降到了60%以下的新闻，想必大家都在电视、报纸上看到了。受就业难的影响，不能顺利毕业的学生和留级的学生越来越多，其中最严重的就属大阪大学和东京大学（首都圈内人数最多）了。与此相比，具有高度专业知识、肩负支撑今后社会发展的硕士毕业生的就业率，也是低得不能再低。情况如此不乐观，真是第一次见到。

之所以出现这种情况，究其原因，我认为不能仅仅归罪于当今不景气的经济。学校、企业在较早时期放弃了孩子，对其放任不管也是主要原因之一。

从全球范围来看，大型电器制造商松下公司所雇用的新毕业生中，有80%来自海外。优衣库、乐天等公司也在不断引进海外学生，并计划在2013年前将雇用的新毕业学生中留学生的百分比提高

到75%，以上这些行为，使来自中国、印度、越南、韩国、泰国等亚洲国家的优秀留学生不断拥入日本劳动力市场。

说到这里，也许有人就会不解了：为什么日本要雇用这么多的留学生呢？

为了保持现有的研究水准，为了自身的存亡，全国很多的大学都拨出了大笔的奖学金，以吸引来自世界的优秀留学生。对那些广泛开展世界性事业的企业来说，与本土学生相比，招收同时会两种或以上语言技能的留学生，更能促进企业自身的发展。

说到这里，我想声明一点，我并不是说大量引进海外留学生的举动不对，我只是想表达自己的观点，"若想帮助本土学生在同全世界同龄人的竞争中取胜，日本现在的教育制度还有待改善"。

现在早已经不是只要考入东京大学就值得欢呼雀跃的时代，在全国统一考试中取得好名次也不再有现实意义。现在我们所说的学习能力，指的是孩子的综合能力。现阶段内，机械性的九科目分类教学制度已经不足以满足培养孩子综合能力的需要。

而孩子学习能力的现有存在方式本身，也是错误的！

一直被称为日本最高学府、处于日本学历最高点的东京大学，现在正面临着严重的就业问题。

在这样严峻的情势之下，各大学、各企业为了自身的生存，居然开始抛弃日本本土的学生，对此我真的非常不理解。这完全是对肩负日本未来发展重任的日本青年不负责任的举动，根本不能被人们原谅。

更让人生气的是，很多大学、企业、教育者、专家对这一现象明明心知肚明，却依旧保持沉默。如果成人不反对，今后我只能选择和孩子们站在同一战线上，和孩子们一起推动日本教育制度的改革创造新的社会教育。

听说在荷兰，为了让孩子积极地拥有自己的想法，四岁的小学一年级学生拥有和校长对等的权力——能够行使对学生会评议的权力。如果一个国家不能从小培养孩子"自己是祖国的一员、一名市民"的觉悟，那么这个国家离危险的境地真的就不远了。不得不承认，现在的日本已经处在这种尴尬的境地之中。

尽管如此，我也无所畏惧，我觉得只有爱和情才能够拯救日本的孩子们。我要以我的爱与情作为武器，让世人了解日本教育的现状。

十一、"所有技能中钢琴最适合"的观点已经落伍

想让孩子学习某项技能时，父母们首先想到的很可能就是钢琴了。以陶冶孩子的情操为目的，不管是男孩还是女孩，很多父母都是让他进行弹钢琴的训练。

科学实验表明，除了能陶冶孩子的情操，弹钢琴确实可以通过手指的运动来刺激孩子大脑，进而培养孩子记忆力、预测能力。

脑科学家泽口俊之伸直曾断言，让孩子学习技能时，选择弹钢琴一项就足够了。从让孩子同时学习多项技能并不科学的角度出发，泽口先生的观点有一定的道理。

但是我想说的是，如果父母经常在家里吵架，做再多的弹钢琴练习，孩子的情操也不会得到陶冶。在日常生活中，为孩子营造一个稳定的、让孩子安心的环境，对于孩子心智的发展更为重要。

此外，选择技能时还需要考虑孩子适合不适合的要素。不是所有的孩子只需学习钢琴就可以锻炼心智的。无论开始的契机如何——"周围的同学在学画画，我也想试试""附近的哥哥在学踢球，每天都很开心，我也想试试"……一句话，要让孩子选择他自己真正想做的事去学习，这才是最重要的。

说到这里，也许有的妈妈就会反驳我了，那之前学过的内容不就半途而废了吗！在我看来，这完全不是问题。在无数次碰壁过程中找到最佳捷径是孩子的特权。同时尝试三四种事情，逐渐地孩子就会发现自己喜欢的并适合自己的事情。所以我希望各位妈妈不要一味抱有"一旦开始，必须坚持"的想法，不要让孩子觉得学习是件痛苦的事。对于孩子真正喜欢的事，无论父母怎样劝阻，孩子都会找出理由，并主动地坚持下去的。

　　因此，在孩子找到自己真正喜欢的事情前，希望各位妈妈能够耐心等候。也许在一瞬间，这个时期就到来了呢。

　　在此需要提醒大家的是，很多时候，孩子感受到父母的期待后，都会试图给出相应的回应。

　　我自已就遇到过这样的状况。

　　那时，我女儿正在学习钢琴。我发现每次去上钢琴课前，她都会打一个大大的哈欠，我当时就猜想，她可能不喜欢弹钢琴。我是一个不喜欢将自己的想法强加给孩子的人，发现女儿的这种反应后，我就告诉她："如果不喜欢，就不要学了。"这时，孩子摇了摇头，很肯定地告诉我："不是呀，我真的很喜欢弹钢琴呢。"

　　真的是这样，无论刮台风还是下雨，女儿都会准时去上课，从未迟到。看到女儿这样，我便再也没有怀疑过女儿对钢琴的喜爱之情了。我还自以为是地认为"我家孩子真的很努力"。后来我才发现，原来自己真的是大错特错了——因为女儿根本就不喜欢钢琴！

　　"本来确实不想学，但是爸爸的表情告诉我，希望我继续下去"，直到成人后，女儿才边笑着边告诉我事实的真相。女儿说得没错，我那时确实觉得，女儿会弹钢琴是件值得骄傲的事。可见，孩子真的很敏感。女儿还告诉我，她最喜欢的是画画，高考时最想去的就是美大，这可真吓了我一跳，我竟然完全没有察觉到。

　　经常从事教育工作，被人称为是"教育评论家"的我，居然犯了如此严重的错误！可见在教育孩子方面，真的没有任何"绝对"可言。不得不说，子女教育真的是一个非常深奥的领域。

十二、能够好好洗澡的孩子，性格较温顺

"我就是这么被养大的""我父母从来没这么教过我",针对孩子的教育方针问题,想必各位父母都有过这样的争吵吧。

教育孩子过程中,父母的在吃饭方式、睡觉时间、做事方式等生活习惯等方面的分歧会逐渐突显。这也无可厚非,一般在教育自己的孩子时,每个人都会惯性地以自己的亲身体验为参考,父母双方在不同的环境中成长,有争执也是在所难免的。

通常,我们从孩子洗澡的方式能够一目了然地看出他所在家庭的育儿方法。

一次,我给孩子们上需要集体在外住宿的体验课程时,偶然得到了和孩子们一起泡澡的机会。从每一个孩子进入浴缸时的动作,我仿佛看到了他们的父母的影子。

有的孩子会在四肢洗净之后再进入浴缸;有的孩子从更衣室出来后就直接跳进了浴缸;有的孩子习惯站着沐浴,洗头时,洗发液溅得到处都是;还有的孩子模仿电视节目中的艺人泡温泉的镜头,裹着浴巾就进入浴缸中,认为这是正确的方法。当然,也有对周围一起泡澡的人保持完全忽视态度的孩子。

对于我提出的"在家里也是这样吗?"的询问,孩子们都给了我肯定的回答。可以看出,每一个家庭的教育文化已不知不觉地在孩子身上根深蒂固了。

现在,街上的公共澡堂越来越少,孩子在泡澡过程中学习应有的礼仪的机会也随之减少。但是,如果父母一直坚持"让孩子时刻顾虑周围人感受"的教育思想,那么即使孩子没去过公共浴池,他也能够知道怎样做才是正确的礼仪,从而学会正确进入浴池的方法,也能成长为一个能够为他人着想、体贴他人的人。

在此，我建议各位妈妈能够静静地反思一下自己的教育过程。

告诉孩子 "和大家一起泡澡时，要先将身体洗干净" "清洗身体时，要避免水珠溅到他人身上，最好坐下来"，教给孩子正确的洗澡方法，从而引导孩子学会为他人着想、养成温顺的性格。

十三、与KIDZANIA相比，妈妈的帮助更能促进孩子成长

最近在孩子中流行的Kidzania，想必大家都有所听说吧。Kidzania是2006年东京都内、2009年兵库县内开办的一家民间机构。在这家机构内，每个孩子都可以通过对现实生活的模拟，扮演90多种不同职业的角色。

在进行模拟的过程中，孩子也能够感受到很多乐趣，但是在我看来，这种机构顶多也只算是一种主题公园。

在体验过程中，孩子会被安排穿上消防员、速递员、快餐店店员的制服，被当做是"真真正正的大人"。但是，我认为这顶多也只能算是另一种形式的过家家——工作过家家。做披萨时，孩子完全不需要和面做饼，只需将配料撒在已经做好的饼上就可以了；扫地练习时也是如此，直接捆绑一些塑料棒就用来代替生活中的扫帚了。至此，我不得不发出感慨："打扫卫生的训练明明在家里就能够进行，为什么要特意花费时间和金钱，到外面进行专项练习呢！"

在我们的日常生活中，有着各种各样能够让孩子进行生活体验的真实道具。例如吃完饭后，可以引导孩子一起帮忙收拾——妈妈负责洗碗、姐姐负责擦拭、妹妹负责放进橱柜等。

"真干净，终于干完了"，家庭成员一同体会劳动的喜悦和艰辛，做最重要的家庭协作的练习。

小时候和妈妈一起在田地里劳作的时光，对我来说真是一种美好的体验，那种温暖的感觉我现在还铭记在心呢。

当我问妈妈今天我能帮什么忙时，妈妈会告诉我"将种子撒到这些小沟里就可以，来，妈妈先给你作示范"，干得好的时候，妈妈会夸奖我是她的好帮手。听了妈妈的夸奖，我非常高兴。

最终，和妈妈一起弄得满身泥土的、挥洒汗水种下的菠菜种子，终于发芽、长大、成熟了。吃起来味道真不错。

在Kidzania里，恐怕是无法让人体会到这种挥洒汗水辛勤劳动的滋味吧。

当然，现在的时代与我们小时候孩子理所应当帮父母分担家务的时代已经不同，但是劳动的内涵、快乐与艰辛从始至终未曾改变。

这种感觉只有通过帮妈妈做事，孩子才能够充分感受到。

十四、在孩子最重要的场合，千万不要小气

孩子的毕业仪式，对妈妈来说也是子女教育的重要环节。

无论是在亲子班、幼儿园的毕业仪式上，还是在小学、初中、高中的毕业仪式上，每当听到《萤之光》这首必唱曲目时，比起孩子，妈妈似乎更容易被感动、更容易落泪。

女儿大学毕业时，我送她一件和服作为礼物，这件和服可以说是我家所有生活支出中花费最大的一笔了。

在挑选衣料时，妻子显得有些不安，反复地问我："这样真的好吗？"对于妻子的疑问，我用力地点了点头，将一闪而过的'溺爱'一词驱逐出大脑，肯定地说："没关系，这就是人们常说的'一生一次'。"

尽管表面上强装镇静，我的心却也在不停地打鼓——为什么一件好一点的和服要这么贵呢？

"虽然确实有些贵，但女儿经常出国，穿着它也许还能够帮助宣传一下日本文化呢。到芝加哥时，也许还能给住在那里的姐姐也试一试"，这样想着，我不断地寻找劝说自己买下的理由，到最后一向好脾气的妻子都有些不耐烦了。

尽管买和服的过程不是十分完美，但女儿的毕业仪式还是在一片祥和的气氛中结束了。

现在回想，子女教育过程中的日子，和女儿一起度过的所有时光，对于我来说都是最珍贵的财产，是其他任何时候都无法替代的。

"爸爸，谢谢你！"看着身穿漂亮和服的女儿欣喜地向我道谢，我有一种似乎自己也拿到了毕业证书的感觉，仿佛女儿的毕

业仪式成了我子女教育生涯的结束仪式。

现在，两个女儿即使已经长大成人，还时不时地会邀请我一起去买衣服。这对作为一个"育男"的我来说，可说是最好的夸奖了。

说到这里，也许有人会关心，女儿的那件和服最后怎么样了。呵呵，最终的结果是，她只在毕业典礼的时候穿了一次！

十五、想发怒的时候立即深呼吸，强迫自己表扬孩子

最近，"夸奖，使孩子成长"已成为子女教育最热门的话题。事实上，每一个妈妈都想表扬自己的孩子，但是随着教育过程的进行，妈妈们会逐渐产生"如果不斥责，有什么其他更好的育儿方法"的想法。由于妈妈把越来越多的注意力集中到孩子身上，一见到自己不满意的地方，不自觉地就发出了"你干什么呢"的斥责。把不可以做的事情清楚地告诉孩子确实十分必要，对于孩子自身来说，也是一次绝好的提升机会。

但是，需要提醒大家的是，在教育孩子时妈妈需要学会一定的技巧，无论什么情况，绝对不可以骂孩子。

怒气冲冲地大喊大叫，只会让孩子变得胆小、心理受伤，进而逐渐压抑自己情绪，压抑自己的行为。

为避免出现以上情况，建议各位妈妈在开口斥责孩子前，试着进行一次深呼吸——需要深深地吸一口气，将气体缓缓地从嘴里吐出来。动作完成后，不好的情绪会得到有效改善。这就是教育孩子时，妈妈首先必须学会的自我控制。

妈妈情绪稳定下来后，接下来就可以进入前面章节介绍过的魔法词汇——"怎么了"——的使用环节了。当妈妈主动询问"怎么了"后，孩子也需要调整情绪，通过猜想"妈妈是因为相信我、认可我才这样的"等，调整自己的情绪，进而静下心来冷静地听妈妈说话，与妈妈交谈。

"怎么了"是能给人带来莫名安心感的词汇，孩子听到后一定会更愿意敞开心扉地与妈妈开始交谈。

像这样耐心地聆听孩子的话语，就会发现并不是百分之百的错误都要归结于孩子。如果在错误占绝大比例的情况下，发现哪怕是1%的正确的地方，妈妈都要予以适当的夸奖。

　　看起来很难？不用担心，实际操作时，你很容易就能找到相应的方法。

　　我还是中学老师时，班里有一个总是忘带东西的孩子，这样的孩子想必大家都遇到过吧。

　　有一次上书法课，那个孩子又把写字用的道具忘在了家里。已经看出了他忘带工具的我，还是询问了"怎么了"。

　　孩子告诉我为了不忘记带东西，他特意在笔记本和手上都记下了"明天不要忘记带书法用具"的字样，而且，头一天晚上就将东西准备好，放在了玄关附近"但是，今天早上，由于干事比较磨蹭，被妈妈斥责了一顿，情急之下，穿上鞋子就跑出了家门。道具的事完全被抛在脑后了……"孩子边说边为自己忘记了而懊恼。听了孩子的解释，我不由自主地就为他鼓起了掌，对他进行了表扬："你那么努力今天还是忘记了，确实有点遗憾，不过你的努力值得所有人学习！"

　　从那之后不久，与孩子的妈妈进行面谈时，我这么告诉她："就算孩子比较容易忘带东西，但远远没有严重到危及生命或影响正常的社会生活，所以无须担心。相反，尽管他记忆力不太好，但是文笔确实是其他人所比不上的。"

　　听到我的话，那位妈妈"哇"的一声，哭了出来，她委屈地说："每次我被叫来面谈，总因为孩子记性不好被提醒，从来没有一位老师夸奖过我的孩子。"

　　那次谈话以后，孩子忘记东西的坏毛病似乎在一夜之间就被改过来了。

如果当时我也同其他老师那样，大声斥责他"又忘记了？！"孩子估计只会产生再一次被斥责后的挫败感，那么忘记东西的坏毛病很可能就一辈子也改不过来了。

通过斥责的方式告诉孩子"因为会被骂，所以不能忘"，让孩子时刻生活在"可能会被骂"、"可能会被斥责"的威胁中，是完全错误的做法。

今后，每当想要斥责孩子时，希望各位妈妈能够进行"此时才是夸奖孩子、促进孩子成长的最好时机"的自我提醒。再次重申，妈妈的爱才是孩子健康成长最需要的"养料"。

全国的妈妈们，一定要加油呀，尾木妈妈永远是你们坚实的后盾。

结束语：

不要着急，成功的秘诀在于反复练习

读完本书后，大家有什么感觉呢？

会不会觉得，读的时候总觉得"确实如此"，但是一旦同样的情况发生，自己仍会不自觉地变冲动，不自觉地就斥责孩子了？

现在，我仿佛听到了各位妈妈带着苦笑的借口。也许这就是我们所说的"父母的难处"吧。说实话，对于妈妈们所处的困境，我真的能够理解。但是，我想说的是，广大妈妈们，也许这才是"为人母"的真正开端。子女教育过程中，无论怎么碰壁、失败，都不要忘记满怀热情地直面孩子。要相信来自父母的爱，对孩子的成长起着无可替代的作用。在这个基础上，妈妈们如果能够偶尔反思一下自己的行为，那就更完美了。

自己不教会孩子知识，还不让孩子独立地学习，只固执地坚持自我的教育方式，是完全错误的。

说到这里，我仿佛听见了各位妈妈"坚持自己的教育方式，又有什么不好？"的反驳声音。在此我想说的是，如果只一心坚持自我，而忽略对外界有益事物的吸收，只能使自己陷入将从上一辈那里学到的知识原封不动地传授给孩子的危险境地。尽管这种教育方式也饱含了父母对孩子的爱，但是，这些教育方法已经落伍了，或许还违反脑科学的研究结果，对于孩子的成长十分不利。在我看来，在教育孩子时，参照近年来快速发展的大脑科学、临床教育学、发展心理学原理，是完全正确的（我是不是说得太过专业，导致妈妈们有些难以理解了？）。

不用担心，这些专业理论都通过一些简单的生活场景，在本书中进行了再现。阅读本书后，所有的专业内容都会在不知不觉中得到阐述。由于子女教育、学习方面存在着很多不能百分百相信的流行趋势，希望妈妈能够通过自己的经验和知识加以辨别，不要轻信诸如"只要练习满百四则运算，孩子智力一定会提升""玩游戏不利于孩子大脑发展"的"极端理论"或"世俗理论"，要引导孩子不断挑战一些新的、通过努力能够完成的事情。

最后，真心希望本书能够带给孩子更多的笑容，在一定程度上减少妈妈们的烦恼。

尾木妈妈

TITLE: ［尾木ママの「叱らない」子育て論］
BY: ［尾木　直樹］
Copyright © Naoki Ogi, 2011
Original Japanese language edition published by SHUFU TO SEIKATSUSHA CO.,LTD.
All rights reserved. No part of this book may be reproduced in any form without the written permission of
the publisher.
Chinese translation rights arranged with SHUFU TO SEIKATSUSHA CO., LTD., Tokyo through Nippon
Shuppan Hanbai Inc.

图书在版编目（CIP）数据

　　尾木妈妈的"不斥责"育儿法／（日）尾木直树著；杜菲译.—沈阳：辽宁科学技
术出版社，2013.1
　　ISBN 978-7-5381-7697-1

　　Ⅰ.尾…　　Ⅱ.①尾…②杜…　　Ⅲ.①早期教育-家庭教育　　Ⅳ.①G78

　　中国版本图书馆CIP数据核字（2012）第244699号

策划制作：北京书锦缘咨询有限公司(www.booklink.com.cn)
总 策 划：陈　庆
策　　划：李　卫
装帧设计：季传亮

出版发行：辽宁科学技术出版社
　　　　　（地址：沈阳市和平区十一纬路29号　邮编：110003）
印 刷 者：北京汇林印务有限公司
经 销 者：各地新华书店
幅面尺寸：148mm×210mm
印　　张：4.5
字　　数：104千字
出版时间：2013年1月第1版
印刷时间：2013年1月第1次印刷
责任编辑：郭　莹　谨　严
责任校对：合　力

书　　号：ISBN 978-7-5381-7697-1
定　　价：20.00

联系电话：024-23284376
邮购热线：024-23284502
E-mail：lnkjc@126.com
http：/www.lnkj.com.cn
本书网址：www.lnkj.cn/uri.sh/7697